Sport mit Hunden

Sport mit Hunden

von Axel Wandel

CADMOS
HUNDEBÜCHER

MEINER WUNDERBAREN, ALLZEIT VERSTÄNDNISVOLLEN FRAU UND ALL MEINEN VIERBEINIGEN SPORTPARTNERN

VORWORT

Dieses Buch soll ein Leitfaden für all diejenigen sein, die ihrem treuesten Begleiter etwas Artgerechtes bieten wollen. Es deckt das breite Spektrum ab von den ersten Gehorsamsübungen über die vielfältigen Trainingsmöglichkeiten bis hin zum erfolgreichen Wintersportler, dem Team Hund-Mensch, erhebt jedoch keinerlei Anspruch auf Vollständigkeit. Es richtet sich zugleich an Jung und Alt, an künftige Wettkampfteilnehmer ebenso wie an bloße Freizeitsportler und soll Anfangsfehler vermeiden sowie unseren Hund zu verstehen helfen, der schließlich keine Maschine, sondern ein Mitgeschöpf mit sehr viel Seele ist.

Trotz aller Ernsthaftigkeit und Konsequenz bei der Vorbereitung zum Erfolg oder auch nur zum gelungenen Kurzzeiterlebnis steht weit oben der Spaß beim gemeinsamen Tun, dem gekonnten Miteinander. Zusammen immer wieder die Faszination zu erleben, die von der bisher oft unentdeckt gebliebenen Arbeitsfreude unseres Hundes ausstrahlt, dies gilt es auf den Folgeseiten vielleicht ein klein wenig näher zu bringen. Mit unserem Hund ist es wie mit der Musik: Musik kann man nicht benutzen, man muss ihr dienen.

Ich möchte Kennern wie Einsteigern gleichermaßen zwischen allen Zeilen verdeutlichen, wie herzerfrischend unverfälschte Hundesprache ist – verstünden wir sie denn so richtig – und ein „Fehltritt" unseres Partners mit einem gemeinsamen Schmunzeln zur motivierenden Farce heruntergespielt werden kann, wie wir unserem Hund dienen können.

Axel Wandel, im Winter 2000

Cadmos Verlag GmbH, Lüneburg

Titelfoto: Thomas Brodmann
Gestaltung: Ravenstein Brain Pool
Druck: Grindeldruck, Hamburg

Printed in Germany

ISBN 3-86127-715-8

Sicherheitstipps für das Auto

Da sportliche Aktivitäten fast nie direkt vor der eigenen Haustüre stattfinden können, wird unser Hund viel Zeit im Auto verbringen. Nicht zuletzt deshalb fängt dieses Buch mit Tipps für die artgerechte und sichere Hundebeförderung an. Die meisten Einzelhunde reisen auf dem Rücksitz, auf der Ladefläche des Kombi oder im Fußraum vor dem Beifahrersitz. Gesetzliche Vorschriften für die Beförderung von Hunden gibt es zwar so gut wie keine, mal abgesehen von dem Gummiparagraphen, dass der Hund den Fahrer nicht „stören" darf, und eine Tier(schutz)transportverordnung schreibt lediglich vor, dass unser Hund sowohl aufrecht stehen als auch sich ausgestreckt hinlegen können und dabei „gesichert" sein muss. Das ist nun mehr als relativ, weshalb sich speziell die Tierschutzbeauftragten der Schlittenhundesportvereine mit dem Gesetzgeber darüber streiten, ob diese Verordnung überhaupt für unseren Hund gilt, weil dieser ja befördert und nicht über viele tausend Kilometer (zum Schlachthof) transportiert wird. Trotzdem ist es zur Sicherheit von Mensch und Hund mehr als ratsam, das gemeinsam genutzte Auto hundegerecht her- und einzurichten.

Sonnenschutzfolien

Sonnenschutzfolien sind im Kfz-Zubehörhandel in Schattierungen von hellgrau bis tiefschwarz in jeweils zwei Größen erhältlich. Entweder nur für die Heckscheibe oder auch zugleich für die Seitenscheiben einschließlich derjenigen der hinteren Tür-

Kaum jemand hat ein „sportliches“ Gelände gleich vor der Haustür. Meist wird das Auto gebraucht, um dort hinzukommen. *Foto: Ulrike Schanz*

scheiben beim Fünftürer. Die tiefschwarze Folie absorbiert etwa 80 Prozent der Sonnenstrahlen und erzeugt eine recht angenehme Temperatur im Hundebereich, aus dem der Vierbeiner problemlos hinausschauen, in den ein Fremder aber nicht hineinschauen kann. Dennoch ist bei längeren Standzeiten, ganz besonders bei der im Winter tief stehenden Sonne, immer für ausreichende Frischluftzufuhr zu sorgen. Ein ehemals schattiger Platz wird schnell mal zum Brutkasten. Einen Nachteil haben

Solche Sonnenschutzfolie auf der Heckscheibe absorbiert 80 Prozent der Sonnenstrahlen. *Foto: Axel Wandel*

diese Folien nur für den Autofahrer, der beim nächtlichen Rückwärtseinparken dann buchstäblich im Dunkeln steht.

Beim Aufbringen der Folie wird strikt nach Gebrauchsanweisung verfahren. Vor allem wird nicht mit Prilwasser aus der Sprühflasche gespart: Es muss alles schwimmen. Dadurch lässt sich die Folie viel leichter in die Endlage verschieben und problemlos glatt streichen. Die Wassersparer sind später an den unzähligen weißen Blasen und den unregelmäßig verteilten, markanten Silberstreifen in der Folie zu erkennen. Ist die Heckscheibe wegen der Aerodynamik des Autos gewölbt, insbesondere in zwei verschiedenen Richtungen, wird die Folie zur Vermeidung der Blasenbildung in mehreren breiten Streifen aufgebracht. Nicht vergessen: Die vom Folienhersteller mitgelieferte rosarote ABE ist nach den einschlägigen Bestimmungen immer mitzuführen. Wer das für überflüssig hält, kann von einem ganz schlauen Polizeibeamten auf der Stelle aus dem Verkehr gezogen werden, weil er ja mit einem nicht TÜV-gemäßen Auto unterwegs ist.

Bei der aktiven Teilnahme an Ausbildungskursen oder Sportveranstaltungen lässt es sich einfach nicht vermeiden – insbesondere dann, wenn mit zwei Hunden daran teilgenommen wird – dass ein Hund für eine gewisse Zeit im Auto verbleibt, obwohl es keinen Parkplatz im Schatten mehr gibt. Profis haben aus diesem Grunde mindestens ein weißes Biberbettuch und einen Wasserkanister mit an Bord, um das Auto mit oder ohne Sonnenschutzfolie mit diesen nassen Tüchern abdecken zu können. Das hat gleichzeitig noch den Vorteil, dass unser Hund das Treiben der übrigen Teilnehmer nicht eifersüchtig beobachten kann und sich viel eher schon mal in Ruhestellung begibt.

Trenngitter, Netze und Wannen

Für die sichere Beförderung des Hundes im Auto gibt es eine ganze Menge Erfahrungstatsachen. Kombihersteller verkaufen zumBeispiel gerne ihre überaus teuren so genannten Schutzgitter. Sie schützen allerdings rein gar nichts. Im offiziellen Sprachgebrauch heißen sie daher auch Laderaumgitter gemäß DIN 75410-2. Nicht nur in Kombis sind die Rücksitzlehnen umklappbar und heutzutage zu mehr als 50 Prozent lediglich plastikarretiert, während gleichzeitig das Herstellergitter nur den Bereich oberhalb der Kopfstützen „abdeckt“. Schon bei einer brutalen Vollbremsung ist es völlig gleich, ob Gepäck oder Hund „geladen“ ist, es haut den hinten befindlichen Inhalt unter dem Gitter durch, trifft die vorderen Rücksitzlehnen geschossartig, rutscht dort startrampenmäßig hoch und schlägt Fahrer und Beifahrer mit dem Mehrfachen des Ruhegewichts ins Genick. Ein 25 Kilogramm schwerer Hund kommt bei einem Frontalaufprall mit nur 60 Stundenkilometer bei einer derartigen Flugstunde vorne mit sieben Tonnen an, dem Gewicht eines mittleren Elefanten …

Auch die in Höhe und Breite verstellbaren Aluminiumabtrennungen sind nur Augenwischerei. Soll ein Gitter schützen, muss dessen massiver Stahlrohrrahmen nicht nur unter dem Autodach verspannt, sondern auch seitlich und vor allem im Boden fest im Metall verschraubt sein. Wenn ein solches Gitter im Laderaum verwendet wird, bereitet die seitliche Befestigung weniger Schwierigkeiten, wird es hinter den Vorderlehnen aufgestellt, dienen die Sicherheitsgurte als seitlicher Halt. Heimwerker oder Leute mit guten Beziehungen zu einem Metallwerker lassen sich hier ganz individuell angepasste, echte und mehrfach in Metall arretierte Metallgitter entwickeln, die den Namen Schutzgitter wirklich verdienen und oft sogar billiger kommen als Herstellergitter. Ein solches, vom Dach bis hinab zum Boden reichendes Gitter kann entweder innerhalb seines Metallrahmens ebenfalls

Flexible, reißfeste Bänder in einem stabilen Rahmen – Diese Allianz-Sicherheits-Abtrennung ist im Crashtest geprüft.
Foto: Kleinmetall GmbH

mit einem stabilen Wellengitter, besser aber mit einem abfedernden Netz aus Sicherheitsgurtband versehen werden. Dabei sollte die Wabengröße individuell auf die Größe des Hundes abgestimmt sein, wobei für die Waben des Gitters im Zweifel gilt: Je kleiner, umso besser. Netze haben nicht nur den entscheidenden Nachteil, dass großrahmigere Hunde im Falle eines Crashs diese durchschlagen, es kann sich auch jeder im Auto herumtobende Hund mit den Krallen darin leicht derart verfangen, dass er total in Panik gerät. Auf jeden Fall wird der gesamte Bodenraum mit einem zusätzlichen, voll waschbaren Teppich oder einer Antirutschmatte ausgelegt, da der werkseitig gelieferte Teppich meist geklebt und schwieriger zu reinigen ist. Die im Allianz-Sicherheitszentrum in München erstmals mit Hunde-Dummies durchgeführten Crashtests haben die Wirkungslosigkeit herkömmlicher Gitter belegt. Im Internet ist der sehr instruktive Film über diese Tests abrufbar: http://azt.allianz.de/kfztechnik/sicherheitsforschung/nav_main_fs.html unter der Rubrik Insassen/Tiere.

Ein Halbgitter zusammen mit einer individuell für jeden Wagentyp angepassten Wanne (Carbox) mit hohen Seitenwänden bringt auch etwas mehr Sicherheit, weil bei einem Crash zumindest im unteren Laderaumteil die Gegenstände dadurch doch ein wenig abgebremst werden. Obendrein schmiegt sich diese Wanne eng an die Radkästen im Wageninneren an, so dass bei einem Crash der entstehende Druck nicht mehr allein von der labilen Rücksitzlehne aufgefangen werden muss. Unerlässlich in jedem Falle ist eine Antirutschmatte in einer solchen Wanne. Dennoch bleibt auch eine derartige Halbgitter-Carbox-Kombination lediglich ein Kompromiss. Der einzige Nachteil der Wanne besteht darin, dass sie bei einer Reifenpanne ausgebaut werden muss, um an Werkzeug und Reserverad zu gelangen.

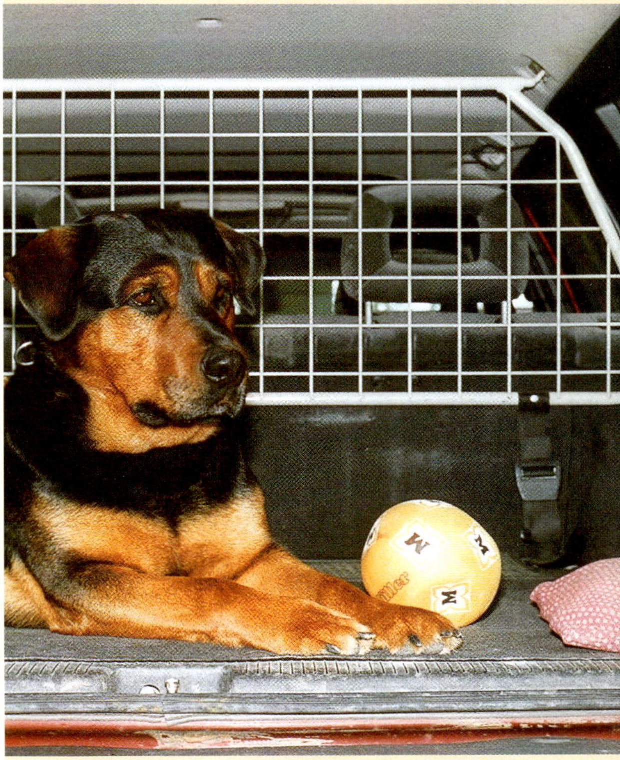

Dieses Trenngitter geht deutlich unter die Oberkante der Rückbank und wird an sechs Punkten gehalten, breite Gurtverankerung im Boden. Foto: A. Wandel

Reiseboxen

Optimaler für eine relativ sichere Beförderung unseres Hundes sind da schon Boxen, die es in vielen Varianten im Zubehörhandel gibt. Von der massiven, oft zu schweren Metallbox über die zusammenfaltbare Leichtbox für den Gepäckraum des Kombi oder sogar den Rücksitz bis hin zur Flybox (VARI KENNEL® oder FURRARRI®) in fünf verschiedenen Größen. Sie bieten für unseren Hund mental das Gefühl einer natürlichen und überschaubaren Schlafhöhle, an die er lange vorher schon mal in der vertrauten Wohnung gewöhnt wurde. All diese

Für einen großen Hund im Kombi kann es so eine Einzelfaltbox sein ... *Foto: Axel Wandel*

Geräte bringen jedoch ohne zusätzliche Sicherung letztendlich wenig. Mit vier Bolzen, von denen jeweils zwei mit einer Metallschiene verbunden werden, sollten sie im Boden arretiert werden. Bei den Rücksitzboxen hilft da nur der Sicherheitsgurt und ein Schaumstoffkeil zwischen der quer gestellten Box und den Vorderlehnen. Üblicherweise lassen sich die Boxentüren nach hinten öffnen, was aber dann zu gewaltigen Irritationen für Hund und Halter führt, wenn ein unachtsamer Fahrer von hinten auffährt und das Heckschloss klemmt. Wird unser Hund in einem Fünftürer befördert, empfiehlt es sich insbesondere für längere Fahrten, den Boxeneinstieg um 180° zu drehen und den Hund über die Rücksitze einsteigen zu lassen.

... werden regelmäßig mehrere Hunde transportiert, sind solche Einbauboxen besser. Diese hier haben Türen nach hinten und vorne. Foto: Axel Wandel

Natürlich liegen bei einem plötzlich anders gearteten Einstieg – der Hund betritt ja gewissermaßen Neuland – wieder ein paar seiner begehrtesten Snacks ganz hinten in der Box.

Auch bei der Beförderung von mehr als zwei Hunden, wie beispielsweise bei Schlittenhunden in Kleinbussen, müssen Vorkehrungen für einen möglichen Auffahrunfall anderer Fahrzeuge getroffen werden. Massive und fest in der Karosserie verankerte Einbauboxen wie auf dem obigen Foto werden zur tödlichen Falle, wenn sie nicht über eine nach dem Wageninneren gerichtete zweite Tür verfügen. Die etablierten Hersteller von Einzel- und Doppelboxen (einschließlich des TÜV) sollten sich dies wirklich mal durch den Kopf gehen lassen.

Schon- und Schutzdecken

Reist unser Hund mal auf einer Kurzstrecke ohne Box auf dem Rücksitz, bietet der Fachhandel hierfür eine so genannte Schutzdecke an. Mit einem Schutz für den Hund hat sie jedoch überhaupt nichts zu tun, sie schont lediglich die Polster, verhindert ein Durchfeuchten, wenn ein nasser Hund einsteigt. Solche Decken werden bei den vorderen Kopfstützen und hinteren Sicherheitsgurten eingeschnallt, was einem Crash niemals standhält. Da aber selbst bei einer Kurzstrecke immer mit einer Vollbremsung gerechnet werden muss, ist es ratsam, den Fußraum vor den Rücksitzen unter einer solchen Decke mit Gepäck oder anderen Utensilien auszustopfen, damit ein schwerer Hund bei der erwähnten Bremsung nicht versinkt und sich Gliedmaßen verrenkt.

Bewährt hat sich für eine solche Vorkehrung ein aus Schaumstoffklötzen maßgeschneiderter Block, der je nach Bedarf mit wenigen Handgriffen im Auto eingebracht ist und sonst in der Garage aufbewahrt wird. Dennoch stellt dies eine Lösung nur für Minimalisten dar.

Sicherheitsgurt für Hunde

Er wird in den Sicherheitsgurt des Rücksitzes eingeklinkt und ist im Fachhandel in verschiedenen Ausführungen zu bekommen. Er muss unbedingt wie ein Brustgeschirr konzipiert sein und die Verbindung von ihm zur serienmäßigen Gurtbefestigung darf nicht via Halsband erfolgen. Wäre dies der Fall, würde es eine Strangulationsgefahr heraufbeschwören. Auch sollten die Gurtbänder für unseren Hund breit genug sein, mindestens 23–25 Millimeter, um ein Einschneiden zu vermeiden. Daher empfehlen Kenner solche Sicherheitsgurte mit besonders dickem Brustpolster – zum Dreifachpreis, lassen gleichzeitig aber auch anklingen, dass der restliche Gurt ebenso gut abgefüttert werden sollte. Die oben erwähnten Crashtests ließen erkennen, dass derartige Sicherheitsgurte allenfalls für kleinere Hunde noch geeignet sind, bei größeren Hunden jedoch die Nähte bei einem Zehntel desjenigen Gewichts reißen, das zum Abfangen des Hundes hätte ausgehalten werden müssen. Wenn der verantwortungsbewusste Hundebesitzer trotz allem auf einem Sicherheitsgurt für unseren Hund besteht, sollte er sich zunächst die Nähte des eigenen Sicherheitsgurtes genau betrachten, entsprechendes Gurtband und Futterstoff besorgen und mit einem handelsüblichen Muster bei einem Sattler mit Industrienähmaschine vorsprechen, um sich dort einen individuellen Sicherheitsgurt für seinen Hund anfertigen zu lassen.

Grundsätzlich muss darauf geachtet werden, dass die genaue Einstelllänge des Sicherheitsgurtes für die Verletzungssicherheit unseres Hundes sehr entscheidend ist, weil nur so im Ernstfall durch möglichst wenig gewährten Freiraum ein Aufprall an den Vordersitzlehnen vermieden werden kann. Ebenso wie das Verbleiben in einer Box sollte auch das Anlegen und ruhige Sitzenbleiben im Sicherheits-

Alle Gurte beim Sicherheits-Brustgeschirr sollten breit und dick gepolstert sein, damit sie im Ernstfall nicht einschneiden. *Foto: Kleinmetall GmbH*

gurt auf vielen Kurzstrecken mit entsprechenden Kraulrationen geübt werden.

Verfügt das Auto nicht über ein Schiebedach, muss auf andere Weise für eine jederzeit mögliche Frischluftzufuhr gesorgt werden. Hervorragend geeignet sind zwei Scherengitter, die in die Fensterführungen der hinteren Türen eingesetzt und anschließend durch Hochkurbeln der Scheiben dort festgeklemmt werden. Solche Scherengitter können auch während der Fahrt sehr gut verwendet werden und verhindern obendrein, dass unser Hund seine Schnauze in den Fahrtwind steckt, sich also eine Erkältung oder eine Augenentzündung holt.

Demgegenüber sollte der Air Boy nur dann verwendet werden, wenn das Auto steht. Dieser Air Boy ist ein Abstandshaken, der die Heckklappe etwa zehn Millimeter aufstellt und sie dennoch gegen mögliche Langfinger wie normal abschließbar macht. Wer jemals sperrige Gegenstände bei offener Heckklappe über eine gewisse Strecke transportiert hat, weiß, wie die Abgase beim Fahren durch die Aerodynamik ins Wageninnere gesaugt werden.

SO KÖNNTE EINE CHECKLISTE FÜR DAS BELADEN AUSSEHEN:

- *Luftdruck im Reservereifen prüfen, 1,0 at höher als montierte Reifen*
- *Reservekanister entfernen*
- *Frischwasserkanister auffüllen*
- *Ausreichende Menge seines gewohnten Futters einschließlich Futternapf*
- *Reiseapotheke prüfen, ob Verfalldatum seiner Tabletten gegen Reisekrankheit, Durchfall und Ähnliches sowie des Wundsprays noch nicht überschritten ist*
- *Sind zusätzliche Grenzpapiere erforderlich, reicht der Impfschutz?*
- *Ersatzleinen, zweites Halsband und übrige Ausrüstung in kleinen alten Koffer*
- *Sein Lieblingsspielzeug in die Transportbox*

GUTER RAT:

- *Vor Fahrtantritt nicht füttern*
- *Nach drei bis vier Stunden Fahrt pausieren, kleinen (angeleinten) Spaziergang einlegen, Wasser reichen*
- *Bei längerem Stau und/oder längeren Tunneldurchfahrten: Heizgebläse abstellen und zwei gegenüberliegende Scheiben wegen besserer Luftzirkulation leicht öffnen*

Sport im Sommer

Fit for Fun wollen wir alle sein. Aber wie es beispielsweise keinem Langstreckenläufer gelingen wird, ohne ausreichendes Training dieser Disziplin oder Distanz in die Ränge zu laufen oder wenigstens vorne mitzumischen, so kann auch der Freizeitsportler mit seinem vierbeinigen Partner aus dem Stand keine Leistung erbringen. Nur seriöses und kontinuierliches Aufbautraining führt zum Ziel. Nur dann können beide zu einem erfolgreichen Paar auflaufen. Dabei spielt die gewählte Sportart zunächst eine untergeordnete Rolle. Wichtig sind vor allem zwei Punkte: Frühzeitig im Jahr mit dem Aufbautraining beginnen und jede Aktivität grundsätzlich langsam steigern.

Ein Hund darf dabei nie überfordert werden, weil er dann nicht nur sehr bald den Spaß verliert, sondern auch bleibende

Kleine Hunde sind eher ausgewachsen und belastbar als größere Hunde. Aber auch für sie gilt in den ersten 12 Monaten: Spielen statt Sport. Foto: Gaby Abels

Schäden zurückbehalten kann. Das kann lebenswichtige innere Organe ebenso betreffen wie das gesamte Knochenskelett. Eine verbindliche Regel dahingehend aufzustellen, wann überhaupt ein sportliches Training mit einem Hund begonnen werden soll und kann, ist wegen der rassespezifischen Unterschiede einfach nicht möglich. Dennoch gibt es gewisse allgemein verbindliche Erfahrungstatsachen, deren wichtigste nachfolgend noch mal in Erinnerung gerufen werden sollen.

- In seinem ersten Lebensjahr darf ein Hund spielerisch reinschnuppern, kennen lernen, sehr langsam und vorsichtig antrainieren, aber auf keinen Fall voll belastet werden.
- Ausdauertraining, auch Laufen neben dem Fahrrad und Ähnliches., kann mit zwölf Monaten langsam begonnen werden.
- Sprünge und alles, was die Gelenke belastet, sollten nicht trainiert werden, bevor ein Hund körperlich voll ausgewachsen ist. Deshalb wird jetzt das Mindestalter für Agility auf 18 Monate heraufgesetzt.
- Ernsthaft Sport betrieben werden darf nur mit einem kerngesunden Hund: Noch vor einem ersten Training sollte der Hund vom Tierarzt gründlich untersucht werden.

Folgerichtig nehmen beispielsweise erfahrene Schlittenhundeführer ihren fünf oder sechs Monate alten vierbeinigen Nachwuchs zum Antrainieren bereits mit ins Renngespann, fahren jedoch die von den älteren Hunden an den Tag gelegte Geschwindigkeit und die Strecke ganz beträchtlich herunter. Mit 15 Monaten dürfen die Kleinen dann offiziell an Rennen teilnehmen. Die fast uneingeschränkte volle Belastbarkeit unseres Hundes – ganz gleich ob Schlittenhund, Begleit-, Schutz- oder gar Rettungshund – sollte erst später angestrebt werden. Es geht folglich primär darum, bis zum ersten „Ernstfall“ kontinuierlich Erfahrung zu sammeln, denn wissenschaftliche Untersuchungen haben bewiesen, dass der Hypothalamus des Hundes ebenso wie der des Menschen durch ständiges sammeln von Erfahrungen lernfähig und damit ausbaufähig ist, also unser Hund einfach immer klüger wird.

Ferner setzt eine erfolgreiche Förderung unseres Hundes auch voraus, immer dann mit der einen oder anderen Übung aufzuhören, wenn es am schönsten ist, damit ein Erfolgserlebnis haften bleibt. Mit lauten Worten oder gar Gewalt zum zwanzigsten Mal die korrekte Ausführung eines Kommandos erzwingen zu wollen, bringt überhaupt nichts. Schließlich hat unser Hund in seinem Urvertrauen uns gegenüber sein Bestes gegeben, wir aber haben uns ihm irgendwie nicht richtig verständlich gemacht.

Wer ein begeisterter Wintersportler ist und seinen Hund dort einbeziehen will, sollte möglichst schon vor Aufnahme des Trainings wissen, welche Sparte schlussendlich angestrebt wird, um so ganz gezielt die Konditionierung aufzubauen. Daher muss auch genau festgelegt werden, ob nur zum gelegentlichen Wochenendbeziehungsweis. Wochenereignis oder aber für eine wettkampfmäßige Teilnahme trainiert wird. Je nach gewählter Alternative bedarf es demzufolge entsprechender Leistungssteigerung beider Partner oder lediglich des Grundgehorsams, des Appells unseres Hundes. Zugleich ist dieser aber auch Basis für jedwede weiter oben angesiedelte Aktivität wie beispielsweise tagelange Wanderungen im Hochgebirge mit Biwakieren oder Hütteneinkehr ohne Strom und Wasser.

Auch Tageszeit und Wetterlage sollten schon beim normalen Spaziergang und erst recht bei einem Training berücksichtigt werden. Morgens in aller Frühe sind Hund und Mensch viel aufnahmefähiger als zu später Stunde, ein Spaziergang oder unterwegs eingeflochtene Übungen, gar ein minutenlanges Training in der Mittagshitze ist selbst für kurzhaarige und hellfarbene Hunde unangebracht. Ebenso wie der Mensch sollte ein Hund bei höheren Ozonwerten ab 160 m/m^3 keiner körperlichen Belastung ausgesetzt, nicht einmal neben einer stark befahrenen Straße spazieren geführt werden. Das Einatmen des Reizgases Ozon führt zu kleinen Verletzungen in der Lunge, die daraufhin zu idealen Angriffspunkten für Rußpartikel und Pollen werden. Die Folge hiervon sind primär Entzündungen und Atembeschwerden, darüber hinaus kann auch die Geninformation derart verändert werden, dass sich Lungenkrebs beim Hund bildet. Andererseits muss sich unser Hund aber auch an schlechtes Wetter gewöhnen, bei Regen ebenso freudig spazieren gehen oder trainieren, denn bei den sportlichen Wettkämpfen scheint ja auch nicht nur die Sonne.

GUTER RAT:

- *Erst frühestens eine halbe Stunde nach der Aktivität füttern, vorher nie*
- *Mit jedweder Übung aufhören, wenn sie einmal ein bisschen gelungen ist, belohnen*

INLINESKATING UND ROLLSKI

Jeder hat diese Sportgeräte schon mal gesehen oder zumindest von ihnen gehört, sie müssen daher nicht akribisch beschrieben werden. Auch deshalb nicht, weil sie effektvoll nur auf festem Untergrund wie Asphalt oder Beton eingesetzt werden können. Solch ein Untergrund ist aber reinstes Gift für die Pfoten und den Knochenbau jedes Hundes, weil ein derartiger Boden keinerlei abfedernde Eigenschaften aufweist. Zwar mag es angehen, sich hin und wieder gelegentlich mit unserem Hund dort zu bewegen, jedoch nie über mehrere Kilometer. Grundvoraussetzung für den späteren Erfolg ist aber andererseits eine hohe Trainingskilometerzahl. Für die Perfektionisten unter den Inlineskatern und Rollskifahrern bietet sich allenfalls ein pottebener, fein geschotterter und nicht aufgewühlter kilometerlanger Weg an. Genau betrachtet dienen beide Sportgeräte nur der Konditionierung der menschlichen Beinarbeit und führen bei ihrer konsequenten Anwendung zu einer Trennung von Hund und Mensch.

Sollte aber einer der wenigen Glücklichen den optimalen Weg gefunden haben,

Inlineskating ist ein gutes Menschentraining, aber Laufen auf Asphalt ist Gift für Hundepfoten. *Foto: Ulrike Schanz*

und (siehe auch Kapitel Sport im Winter) dort für Laufwettbewerbe trainieren, empfiehlt es sich sehr, den Hund bereits jetzt schon daran zu gewöhnen, dass er bei gewissen Kategorien unter Wettkampfbedingungen immer ein Zuggeschirr tragen und mit einem langen Seil zum Hüftgurt seines Menschen verbunden sein und vorauslaufen muss. Auch Inline- und Rollskiskaten kann man unter fachkundiger Anleitung inzwischen erlernen. So fand im Mai 1999 das 3. Rollskitrainingsseminar des zuständigen Dachverbandes DSSV im thüringischen Oberhof statt.

GUTER RAT:

- *Längere Distanzen auf Asphalt ohne Hund trainieren*

VELOJÖRING

Manch einer mag mit diesem Begriff auf Anhieb gedanklich das Katalogbild verbinden, auf dem ein freudig nebenhertrabender Hund durch eine besondere Konstruktion mit dem Fahrrad verbunden ist. Dies suggeriert zugleich die Möglichkeit, die Arbeitsfreude unseres Hundes über weitere Strecken als zu Fuß befriedigen zu können. Dieses so oft gezeigte Teil ist patentiert und TÜV-geprüft, eignet sich auch durchaus für den schnellen Spaziergang mal zwischendurch und heißt daher zurecht Springer®, hat aber mit Jöring kaum etwas zu tun.

SPRINGER®

Die Konstruktion des Springer® besteht aus einem in Höhe des Hinterrades angebrachten, nach oben gerichteten, stark gefederten Abstandsbügel, an dessen oberem Ende ein Ring befestigt ist. In diesen Ring wird mit einem etwa 60 cm langen Seil, das an beiden Enden mit je einem Plastikkarabiner versehen ist, der Hund eingehängt, so dass der Fahrer beide Hände zum Lenken und Bremsen frei hat. Es liegt auf der Hand, dass der Springer® an einem Rennrad mit seinen schmalen Reifen nichts zu suchen hat und allenfalls an robusteren Fahrradtypen angebracht werden sollte.

Für die auf sportliches Training ausgerichteten Aktivitäten bietet der Springer® jedoch ganz entscheidende Nachteile. Einerseits darf unser Hund gemäß StVO auf öffentlichen Straßen vom Fahrrad aus nur rechts geführt werden und zwar ohne feste Verbindung zum Rad. Durch die Karabinereinklinkung ist die Verbindung jedoch relativ fest und befindet sich zudem schwierig erreichbar nach hinten und unten. Dass Plastikkarabiner unter Witterungseinflüssen, insbesondere Kälte, wenig lange halten, ist hinreichend bekannt. Entscheidender sind aber folgende Faktoren: Während unser Hund in der Grundschulung beigebracht bekommt, links auf Kniehöhe geführt zu werden, soll er jetzt rechts und von vorne geführt werden. Ferner kommt bei einer unvorhergesehenen Lenkbewegung eine erhöhte Verletzungsgefahr auf ihn zu oder er weicht in Richtung Rad erschreckt aus, kollidiert und bekommt damit Angst vor diesem Trainingsgerät. Hat unser Hund irgendwann einmal schlechte Erfahrungen mit dem Springer® am Rad gemacht, wird er sehr bald vorsichtshalber nach rechts driften und. zum Schrägläufer werden, was seinen Bewegungsapparat unproportional beansprucht und frühzeitig verschleißt. Die Leinenschlaufe ums Handgelenk wickeln und so den Hund neben dem Rad zu führen, ist auch kein probates Mittel und auf öffentlichen Wegen und Straßen ohnehin verboten. Und über die muss man ja fast immer erst einmal, um zu einem stillen Waldweg zu gelangen. Bis dahin sorgt schon mal Nachbars Katze oder die interessante Hündin auf der anderen Straßenseite für einen deftigen Sturz dieses Gespanns. Natürlich lässt sich das Rad mit Springer® auf dem Dachträger zu besagtem Waldweg bringen,

Der Springer® ist ein gefederter (Abstand-)Halter für den neben dem Fahrrad laufenden Hund und für gemütliche Radspaziergänge weniger gut geeignet, da der Hund nach aussen driftet, somit zum Rechtsläufer wird und Pfoten, einschließlich Skelett überproportional einseitig belastet. *Foto: Kleinmetall GmbH*

aber die vorher angesprochenen Hauptprobleme bleiben auch dort. Deshalb haben fast alle ambitionierten Hundesportler den Springer® sehr bald beiseite gelegt.

Guter Rat:

- *Anschaffungskosten anderweitig investieren*

Mountainbike und Roller

Geeigneter für ein zielorientiertes Training haben sich dann schon handelsübliche Mountainbikes oder auf den eigenen Bedarf abgestimmte Eigenkonstruktionen erwiesen. Der augenscheinlichste Unterschied zum Springer® ist zunächst, dass der Hund vorausläuft und von hinten geführt wird, wie dies in den entsprechenden Wintersportarten vorgeschrieben ist, und dass er ein maßgeschneidertes Zuggeschirr trägt. Es kommt hinzu, dass der Hund mittels eines mindestens vier Meter langen Seils mit Panic Snap entweder am Rad oder am Hüftgurt des Fahrers eingehängt wird, so dass der Lenker beide Hände zum Lenken und Bremsen frei hat. Durch das in seiner Maximallänge nicht reglementierte Seil wird außerdem der Neigung der allermeisten Hunde Rechnung getragen, grundsätzlich die Innenkurve zu laufen. Hierbei geht es dann schon mal durch tiefe Pfützen oder über aus dem Waldweg herausragende, respektable Steine. Je länger das Seil, umso eher lassen sich derartige Unebenheiten vielleicht ein klein wenig umlenken und ohne Sturz ausbalancieren. Im Gegensatz dazu gibt es aber auch Hunde, die derart vornehm tun, dass sie nicht nur um diese heiklen Passagen ruckartig

Ein Mountainbike oder noch besser so ein selbst gebautes Rad mit niedrigem Schwerpunkt ist ideal zum Fahrtraining. *Foto: Axel Wandel*

Ein normales Fahrrad ist für Velojöring nicht optimal, eher ein Notbehelf und die Leine sollte länger sein.
Foto: Ulrike Schanz

einen großen Bogen machen, sondern sogar um das vom Vorgängergespann hinterlassene Häufchen. Und hierauf hatte der stets weit nach vorne orientierte Lenker eben nicht geachtet. Da dann Stürze nie auszuschließen sind, empfiehlt es sich immer, der von unserem Hund vorgegebenen Ideallinie über Stock und Stein nachzufahren.

Um das zu gewährleisten, muss auch unser Trainingsgerät nicht nur stabil genug sein, sondern auch von überflüssigen oder für unseren Hund gefährlichen Einzelteilen befreit werden. Dies gilt auch für die handelsüblichen, recht teuren High-Tech-Mountainbikes, die obendrein wegen ihrer 26“-Räder einen zu hohen Schwerpunkt aufweisen. Dynamo, Strahler, Lenkerhörner, ungeschützte Bremshebel, Schnellverschlüsse an den Radnaben, Fußhalter an den Pedalen, Gepäckträger – alles unbrauchbar für das Velojöring mit unserem Hund. Oberstes Gebot für alle Nach- oder Umrüstungen ist immer die Sicherheit unseres Hundes. Um an dieser Stelle nicht mit den unterschiedlichsten

Mountainbikes ins Gericht zu gehen, soll zur Verdeutlichung der speziellen Erfordernisse für den Hundesport auf eine bewährte Eigenkonstruktion eingegangen werden, deren Umrüstungen durchaus auch auf vergleichbare andere Gerätschaften anwendbar sind und nur einen Bruchteil eines Mountainbikes kosten: Ein möglichst altes Klapprad mit stabilem Rahmen.

Erst einmal haben diese Klappräder bauartbedingt durch ihre 20“-Bereifung einen niedrigeren Schwerpunkt als heutige Mountainbikes, der durch den Einbau eines Rennlenkers noch weiter heruntergebracht werden kann. Außerdem können an ihm selbst Doppelgriffbremshebel – und zwar für vorn und hinten trotz Rücktritt – an so geschützter Stelle montiert werden, dass sie bei möglichen Stürzen meist unbeschädigt bleiben. Handelsübliche Klappräder haben den Nachteil, aus Gründen der Gewichtseinsparung mit relativ schmalen Felgen und wenigen dünnen Speichen konzipiert zu sein. Da empfiehlt sich dann ein Austausch und der Einbau von 20 x 1,75 Felgen mit 36 verstärkten statt der dünnen 32 Speichen und einer grobstolligen Bereifung in der Dimension 20 x 2,125, sofern diese noch unter die Schutzbleche passt, die notfalls entfernt werden. Von Spikereifen ist wegen der Verletzungsgefahr für den Hund dringend abzuraten, falls der Lenker mal zu spät bremst und in seinen Hund hineinfährt.

Das Klappscharnier wird aus Sicherheitsgründen zugeschweißt, auch wenn dadurch hier und da Transportprobleme entstehen können. Die Lenkerschaltung wird mindestens gegen eine Nabenschaltung ausgetauscht, wenn nicht gänzlich entfernt. Je nach Geländebeschaffenheit werden unterschiedlich große Zahnkränze montiert. Die Pedale werden gegen breitere und strapazierfähigere ausgetauscht und der angeschraubte Leichtbaugepäckträger entfernt oder durch einen angeschweißten Gepäckträger aus massivem U-Stahl ersetzt. Zur Schonung des Sattels bei einem Nachschleifen des (gestürzten) Rades kann ein Überrollbügel angebracht werden, der auch nach dem zehnten Sturz ein Zerreißen der eigenen Kleidung durch einen ramponierten Sattel verhindert. Ob schlussendlich ein solches nachgebessertes Klapprad vorn und hinten mit Stoßdämpfern ausgestattet ist, stellt eine reine Geschmacksfrage dar, dient es doch nur dem eigenen Fahrkomfort. Wie eine derartige Eigenkonstruktion aussehen kann, zeigt das Foto auf Seite 23 mit dem Größenvergleich zu einem mittelgroßen Hund. Nicht gezeigt wird, wie darauf ein 1,86 Meter langer Aktiver aussieht, aber unser Hund sieht das ja nicht und genießt einfach die Sicherheitsfaktoren. Ausgangspunkt für alle Nachrüstungen sowohl für den Sommer- als auch Winterbetrieb ist, dass das jeweilige Trainingsgerät dem Benutzer keine erhöhte Konzentration abfordert, sondern sie uneingeschränkt seinem Hund zu Verfügung steht.

Als nächster Punkt ist die Verbindung zwischen unserem Hund und uns beziehungsweisedem Rad zu berücksichtigen. Wird Velojöring mit nur einem Hund betrieben, kann man ihn ohne weiteres in den eigenen Hüftgurt (ein simpler Bauchgurt verrutscht zu leicht nach oben) einhängen. Das Verbindungsseil zwischen dem Zuggeschirr unseres Hundes und dem Hüftgurt wird hierzu am hinteren Ende mit einem besonders leichten Feuerwehrkarabiner oder einem Panic Snap versehen. Ein einzelner Hund wird selbst bei einem Sturz den Menschen nicht allzu weit vom Rad wegziehen. Werden jedoch zwei oder gar mehr Hunde mit zusätzlicher Zugleinenfederung eingespannt, liegt nach einem Sturz das Rad nicht nur sehr weit hinten, sondern es bedarf einer ungeheuren Kraftanstrengung, um mit den vorwärts drängenden Hunden dieses Rad wieder zu erreichen. Da ist eine Befestigung des Hundegespanns mittels eines speziellen Ringes unterhalb des Lenkers angeraten. Auf jeden Fall sollte dann eine entsprechend lange Notleine zwischen diesem Ring und dem Hüftgurt eingeklinkt werden, um trotz eines Sturzes und Mitgeschleiftwerdens über zwanzig oder dreißig Meter nie die Verbindung zum Gespann zu verlieren. Wer nach den ersten Begegnungen mit einem fliehenden Stück Wild oder einem frei laufenden Spaziergängerhund seine entsprechenden Erfahrungen gemacht hat, weiß um die Kraft von nachsetzenden Hunden und wird deshalb obendrein einen Schnee- oder Baumanker mitführen. Der wird ebenfalls über ein Seil mit dem Hauptkarabiner unter-

Nicht nur Schlittenhundmusher brauchen ihn, auch am Rad ist ein optimaler Schnee oder Baumanker (hier nicht rostendes Material mit verstärkten Krallen) ein wichtiges Utensil. *Foto. Axel Wandel*

halb des Lenkers verbunden und sicher, aber dennoch schnell benutzbar am Rad befestigt.

Zusätzlich zum bereits erwähnten Befestigungsring unterhalb des Lenkers kann dort ein etwa 50 Zentimeter langer Führungsstab mit einem leicht offenen Ring am vorderen Ende angebracht werden, durch den die nicht immer straff gehaltene Zugleine über den Radius des Vorderrades automatisch hochgehalten wird. Für den Anfang ist das in jedem Falle eine probate Hilfe. Da aber auch ein solches Hilfsmittel nie hundertprozentig verhindern kann, dass sich eine Leine doch einmal um die Vorderradnabe wickelt, gehören vorgefertigte Ersatzleinen mit beidseitig angebrachten Karabinern, weitere lose Karabiner, zwei Radmutterschlüssel und ein scharfes Taschenmesser in den Rucksack oder die Taschen.

Ganz wichtig: Der Hund darf vom Fahrer nie so stark unterstützt werden, dass er sich ans Nichtziehen gewöhnt. Grundsätzlich gibt der Hund die Geschwindigkeit vor, der sich der Mensch anpasst. Diejenigen Hunde, die sich in unterschiedlichem Gelände lediglich der jeweils gebotenen Geschwindigkeit anpassen, sind keineswegs Minimalisten, sondern ganz Clevere: Sie lassen nämlich arbeiten, in diesem Falle den Menschen. Deshalb ist in jeder Situation zusätzlicher Ansporn erforderlich, denn in den Wettbewerben geht es auch bergauf und bergab. Zudem wird nach dem noch nicht vereinheitlichten Reglement von manch einem Rennleiter gefordert, dass das Rad nicht mit einer Antriebskette versehen sein darf, um so ein wenig die Chancengleichheit mit denjenigen Teilnehmern zu gewährleisten, die in der gleichen Kategorie mit einem rollerähnlichen Gefährt, aber 16“-Rädern oder größeren antreten. Hier sind verschiedene Produkte mit unterschiedlichen Namen wie Sidewalker, NOWA Roller oder BRO Scoot auf dem Markt, die alle den tiefstmöglichen Schwerpunkt gewährleisten. Wegen einer reparaturbedingten leichteren Austauschbarkeit untereinander sollte in jedem Falle darauf geachtet werden, dass Vorder- und Hinterrad die gleiche Größe haben.

So neu, wie manch einer denken mag, ist dieser Hundesport auch wieder nicht. Zwar sind die Rollertypen erst in den letzten beiden Jahren auf den Markt gekommen, aber die Weltpremiere des eigentlichen Velojörings fand bereits 1995 in Studen bei Einsiedeln (Schweiz) statt.

Guter Rat:

- *Rad auf Dachträger und ein Stück hinausfahren*
- *Ersatzvorderrad (und Hinterrad, wenn Nabenschaltung) in der Garage oder an Bord*
- *2 Radmutterschlüssel (je 14 und 17), Reservezugseil(e), Ersatzkarabiner und Messer einstecken*

Obedience

Dem Kapitel Obedience, dem Erlernen des Grundgehorsams wird ein besonders breiter Raum gewährt, weil dieser letztlich die Grundlage für die meisten anderen sportlichen Aktivitäten darstellt. Aber auch bei Wanderungen im Tal oder im Hochgebirge ist eine gute Grundausbildung unseres Hundes schon deshalb unerlässlich, weil sich mit wenigen Ausnahmen immer mehrere Hunde in der Gruppe befinden. Selbst kritische Situationen können dadurch viel leichter beherrscht werden.

Viele Übungen bei Obedience verlangen, dass der Hund aus der Entfernung dirigiert wird, wie hier beim Vorausschicken zu einem Kegel.
Foto: Tatjana Prawitz

Da bei Obedience keine Zeitmessung erfolgt, ist diese Freizeitsportart sowohl für ältere Hunde als auch für Menschen geeignet, die nicht mehr unbedingt in Olympiaform sind. Dennoch erfordert die exakte Ausführung der einzelnen, genau reglementierten Übungen ein letztlich über alles entscheidendes Training bei ständiger Motivation, denn es geht um die höchstmögliche zu erreichende Punktezahl. Außerdem kann der „Parcours“ mit geringem Aufwand zu Hause selbst hergestellt und eintrainiert werden.

In Schweden wird diese Hundesportart schon seit den Sechzigerjahren betrieben, während sie beispielsweise in der Schweiz erst am 01.01.1996 als neue Hundesportdisziplin anerkannt und der KAMO (Kommission für Agility, Mobility und Obedience) unterstellt wurde. Bis dahin erfolgte die Grundausbildung für Hunde durch Begleithundeprüfungen. Der wesentliche Unterschied zu den Begleithundeprüfungen besteht bei Obedience darin, dass es kein militärisches An- und Abmelden, keine Fährtenarbeit, kein Revieren und keinen Weitsprung gibt und sehr großer Wert auf die Fähigkeit des Menschen gelegt wird, seinen Hund zu motivieren. Bis zum heutigen Tage herrscht deshalb bei vielen Übungsleitern und Ausbildern die negative Einstellung vor, dass Obedience einfach kein richtiger Hundesport sei. Auch im Bewertungssystem gibt es Unterschiede: Je Übung gibt es maximal 10 Punkte, die je nach Schwierigkeitsgrad mit 1 bis 4 multipliziert werden, die höchstmögliche Punktzahl beträgt daher 320.

Dem unterschiedlichen Stockmaß unserer Hunde wird in Obedience ebenso wie in den nachfolgenden Sportarten dadurch Rechnung getragen, dass in drei Größenkategorien gestartet wird, wobei selbstverständlich die Höhe einer Hürde und die Größe des Bringholzes entsprechend abgestimmt sind. Die zehn Übungen werden in einem Rechteck von 30 x 40 m absolviert. Jeder Prüfungsteilnehmer führt nach dem Freiablegen die restlichen neun Übungen in Folge aus, wobei der Richter vom Wettkampfleiter begleitet wird. Zwischen den einzelnen Stationen sollte unser Hund möglichst eng auf Kniehöhe frei folgen.

Ablegen in der Gruppe mit mindestens drei Hunden

Während der Aufstellung im Abstand von etwa fünf Schritt ist unser Hund noch angeleint und sitzt ruhig dicht am linken Bein, bis das Kommando „Ableinen“ vom Wettkampf- oder Ausbildungsleiter kommt. Die Hunde werden abgeleint und in „Platz“, anschließend in „Bleib“ gebracht, danach entfernt sich der Hundeführer ruhigen Schrittes rund 20 Meter nach vorne, dreht sich dort um und wartet mit geschlossenen Beinen zwei Minuten. Auf das Kommando des Leiters wird zum Hund zurückgekehrt, rechts von ihm Stellung bezogen, bis der Leiter die Anweisung zur Erteilung des Kommandos „Sitz“ erteilt. Je flotter unser Hund es befolgt und sich erwartungsvoll zu uns aufblickend eng an unser Bein schmiegt, umso höher ist die Punktzahl: Maximal 10 x 2. Sofort wird unser Hund gelobt.

Leinenführigkeit

Von der Grundstellung geht der Hundeführer 30 Schritt geradeaus, wendet und kehrt in die Grundstellung zurück. Anschließend geht das Paar auf Anweisung des Leiters eine gewisse Schrittzahl in unterschiedlichste Richtungen. Zu Beginn und Ende dieser Übung und bei den Richtungswechseln darf ein Kommando gegeben werden. Ein Doppelkommando wie auch die Kombination von Hör- und Sichtzeichen bedingen einen Punkteabzug. Während der gesamten Übung soll die Leine immer leicht durchhängen. Ist alles perfekt, gibt es 10 x 2 Punkte.

Freifolge

Im Prinzip wie Übung Leinenführigkeit, jedoch mit dem Unterschied, dass jetzt alles ohne Leine ausgeführt wird. Das gestaltet sich für unseren Hund schon etwas schwieriger, weil ihm jetzt die direkte (Leinen-) Verbindung zu seinem Hundeführer fehlt, er aber dennoch aufmerksam und dicht in Höhe des linken Knies alle Kommandos ausführen soll. Beim Ableinen wird die für diese und die restlichen sieben Übungen nicht mehr benötigte Führleine von der linken Schulter herab nach rechts unten umgehängt, damit die Karabiner nicht die Aufmerksamkeit unseres Hundes stören können. Zum Eingewöhnen einer sauberen Freifolge bewirken anfangs ein paar in der linken Hand in Gürtelhöhe gehaltene Wurstscheiben wahre Wunder. Beim Training als Lob nach jedem gut ausgeführten Richtungskommando, später allenfalls nur noch nach Abschluss einer Übung. Ist unser Hund hier schon auf dem Weg zum Champion, gibt es maximal 10 x 3 Punkte.

Platz aus der Bewegung

Dies geht nicht ohne ein paar kleine Hilfsmittel. Für das hauseigene Training genügen vorerst sechs rotweiße, kleinere Pylonen. Vier davon werden in einem Quadrat von 10 auf 10 Meter aufgestellt, zwischen zweien davon stehen Hundeführer und unser Hund in Grundstellung und warten auf das Kommando des Wettkampfleiters zum Losmarschieren. In der angegebenen Richtung wird um das Quadrat herumgegangen. Nach dem Richtungswechsel (ein Hörzeichen erlaubt, Doppelzeichen bedingt wie immer Punkteabzug) hört unser Hund den Befehl „Platz“, während der Hundeführer ohne sich umzudrehen in unveränderter Gangart weiter um das Quadrat geht, bis er wieder bei unserem Hund angekommen ist. Auf das Kommando „Fuß“ folgt unser Hund jetzt dicht angeschlossen auf Kniehöhe um die nächste Pylone, wo dann in Grundstellung angehalten wird. Die maximal erreichbare Punktzahl beträgt hier 10 x 3 Punkte.

Ablegen aus der Bewegung mit Herankommen

Gut zehn Schritte werden vorwärts gegangen, dann erhält unser Hund das Kommando „Platz“, während sich der Mensch ohne jegliche Verlangsamung und ohne sich umzuschauen weitere 20 Schritt entfernt und dort mit Blickrichtung zu unserem Hund kehrtmacht. Nach entsprechendem Blickkontakt wird unser Hund von dort abgerufen und soll schnell und freudig herankommen und möglichst dicht vor dem Übenden „Sitz“ machen. Anschließend wird er bei „Fuß“ gerufen. Schwierig ist die „Platz“-Position, weil diese unverzüglich und spätestens nach maximal drei Hundelängen eingenommen sein muss. Zwar ist in Stufe 1 hierbei noch ein zusätzliches Sichtzeichen erlaubt, jedoch im Hinblick auf Stufe 2 und 3 möglichst frühzeitig nicht mehr zu verwenden. Hat alles geklappt, kommen weitere 10 x 4 Punkte aufs Konto.

Freisprung über Hürde

In Grundstellung wird vor der der Schulterhöhe unseres Hundes angepassten Hürde Aufstellung genommen. Erst auf Sicht- oder Hörzeichen wie beispielsweise „Sprung“ darf unser Hund sich lösen zum Hinsprung. Noch im Sprung erfolgt das Kommando „Zurück“, das auch wieder über die Hürde auszuführen ist. Diese für unseren Hund entspannende Übung wird mit „Sitz“ und anschließendem „Fuß“ im Weggehen beendet. Eine freudig-korrekte Ausführung ergibt dann weitere 10 x 3 Punkte.

Voransenden mit Hinlegen

Aus der Startposition heraus werden mit dem bei Fuß gehenden Hund einige Schritte in Richtung einer etwa 20 Meter weiter stehenden Pylone gemacht. Im Stehenbleiben – zeitgleich mit dem entsprechenden Hör- und Sichtkommando – schickt dann der Teilnehmer seinen Hund darauf zu, der auf das Kommando „Platz“ diesen Befehl möglichst dicht bei der Pylone ausführen muss. In welcher Richtung der Hund schließlich liegen bleibt, ist völlig unerheblich. Anschließend geht der Hundeführer zum Hund, bleibt an dessen rechter Seite stehen und bringt ihn durch

Hörzeichen in die Sitzstellung. Der ambitionierte Hundehalter hatte das ja alles zu Hause schon mit immer weiter gesteckten Abständen zur Pylone mit der berühmten Wurstscheibe oder dem Lieblingsspielzeug obendrauf geübt. Hat alles geklappt, gibt es dafür 10 x 3 Punkte.

Apportieren

Der Hund verweilt in Sitzposition an der Ausgangslinie, während der Hundeführer mindestens 20 Schritt vorangeht und dort ein Apportierholz deponiert. Ist er zurückgekehrt in die Ausgangsposition, hört der Hund den Befehl „Apport" und soll möglichst flott und ohne Knautschen dem Hundeführer vor ihm sitzend das Holz anbieten. Erst auf Anweisung des Wettkampfleiters kommt jetzt das Kommando „Aus", anschließend Grundstellung und Lob = 10 x 3 Punkte.

Eigenidentifizieren aus zwei Gegenständen

Diese Übung spricht das dem unsrigen weit überlegene Riechvermögen unseres

Nur eines der Holzstücke riecht nach „Frauchen", alle anderen nur fabrikneu. Der Hund muss das richtige Holz identifizieren und apportieren. *Foto: Tatjana Prawitz*

Hundes an. Nach der ersten Übung händigt der Wettkampfleiter dem Teilnehmer ein kleines Holzstück von acht bis zehn Zentimetern Länge und zwei bis drei Zentimetern Dicke aus, das er bis Beginn dieser neunten Übung mit sich trägt, damit es wunderbar nach ihm riecht. Alle „Duftverstärker“, wie im Unterhemd verschwinden lassen, in die Stiefel stecken, mit dem eigenen Taschentuch abreiben oder auch nur anspucken, sind erlaubt. Jetzt, zu Beginn der 9. Übung, nimmt der Wettkampfleiter dieses Geruchsobjekt mit einer Zange oder Plastikhandschuhen zurück und legt es zwölf Schritt hinter dem Teilnehmer und seinem Hund etwa 40 cm neben einem neutralen Holz aus. Mit einem kombinierten Hör- und Sichtzeichen wird der Hund dann zu dieser Stelle geschickt, wo er ebenso schnell das richtige Holz herausschnüffelt wie er es dem Menschen flott in korrekter Apportierhaltung präsentiert. Anschließend hört er das „Aus“ zugleich mit den Händen des Menschen links und rechts seiner Schnauze, dann „Fuß“ und großes Lob, schon sind 10 x 4 Punkte verdient.

Kontrolle auf Distanz

Der Hund wird hinter einer imaginären, durch zwei Pylonen markierten Linie abgelegt, der Hundeführer entfernt sich. 20 Schritt und nimmt Frontstellung ein. Auf Handzeichen des hinter unserem Hund stehenden Wettkampfleiters gibt dann der Teilnehmer Hand- und/oder Hörzeichen zum „Sitz“ und anschließenden „Platz“, wobei sich der Hund weder nach hinten verschiebe, noch mit seinen Vorderpfoten besagte Linie überschreiten darf. Bei Obedience III kommt noch das „Steh“ hinzu. Auch ohne Pylonen lässt sich dies effizient auf einer Mauer, Parkbank oder einem Holzstoß zwischendurch mal auf einem Spaziergang üben. Hat unser Hund die Kommandos korrekt ausgeführt, gibt es maximal 10 x 4 Punkte.

Insgesamt empfehlenswert ist es, zunächst einmal mit unserem Neuling eine solche Veranstaltung deshalb zu besuchen, weil es dort mindestens einen Hund gibt, der es perfekt vormachen kann. Selbst wenn mit unserem Hund die geringste Punktzahl erreicht worden sein sollte, ist das noch lange kein Grund, die Ohren hängen zu lassen. Der Richter wird sehr genau erklären, woran es noch hapert. Die einzig logische Konsequenz hieraus ist es, fortan auf jedem Spaziergang die eine oder andere Übung auszubauen. Schnell noch ein paar Pylonen ins Auto und die zurechtgeschnitzten Äste für eine Hürde – eventuell anfangs mit einem Karton oder einer großen Faltschachtel darunter, um das Untendurchlaufen zu verhindern. Und natürlich: Jeder Belohnungshappen motiviert!

Guter Rat:

- *Frühzeitig beginnen und vorher wie zwischendurch bei Spaziergängen üben*

Agility

Das Wort agil kommt aus dem Lateinischen und bedeutet so viel wie flink, wendig. In dieser seit gut 20 Jahren betriebenen Sportart sind Flinkheit und Wendig-

Die Höhe der Sprünge bei Agility ist der Größenklasse der startenden Hunde angepasst.
Foto: Sylvia Sawitzki

keit nicht nur bei unserem Hund gefordert. Es ist ein beinharter und zugleich pfotenharter Wettkampfsport um Sekundenbruchteile und Fehlerpunkte. Der daran teilnehmende Hundeführer muss schon ein recht guter Leichtathlet sein, um vorne mitzumischen. Ein derartiges Miniteam ungleicher Partner harmoniert nur dann, wenn in vielen kleinen Einzelschritten ein solides Teamwork zwischen Hund und Mensch aufgebaut wird.Auch hier wie überall macht die Übung den Meister. Und genau das ist auch der Grund, weshalb unter wohlverstandener Abwandlung der ansonsten strengen Reglements spezielle Wettbewerbe für Kinder und Jugendliche angeboten werden, auf die am Schluss des nächsten Kapitels noch näher eingegangen wird. Agility wird sowohl als Einzel- als auch Mannschaftswettkampf in drei

Größenklassen über einen Parcours von zehn bis maximal 20 Hindernissen durchgeführt. Ein absolut fehlerfreies Überwinden aller Hindernisse bringt 220 Punkte auf das Konto plus benötigter individueller Zeit. Wer nach der Devise zu handeln versteht, dass er selbst nur so gut wie sein Hund ist, hat eigentlich schon den wichtigsten Spaßeffekt von Agility erkannt. Vielleicht gehört er dann ja mal nach jahrelanger gemeinsamer Ausbildung und Förderung seines arbeitsfreudigen Hundes zu den schillernden Figuren im Parcours. Die beeindrucken die Zuschauer, wenn der Hund ausschließlich mit Handzeichen oder durch die eigene Körperhaltung geführt wird statt mit oftmals übertrieben lauten Kommandos. Die absolute Perfektion zeigte kürzlich ein wahres Profiteam von Hund und Mensch, wobei letzterer nur in der Mitte des Platzes stand und von dort die einzelnen Weisungen erteilte, gar nicht mehr selbst vorlief. Welches gegenseitige Verständnis hierzu wie generell in einem Agilityparcours erforderlich ist, erweist schon allein die Tatsache, dass Reihenfolge und Anzahl der Hindernisse von Platz zu Platz variieren, ein routinehaftes Absolvieren des Gesamtparcours von daher schon gar nicht möglich ist.

Die Anordnung und Reihenfolge der Hindernisse ist fast ausnahmslos in das Belieben des Ausrichters gestellt. Sind zwanzig Hindernisse vorgegeben, werden viele davon im Verlaufe der Disziplin aus beiden Richtungen angegangen. Wie von den Springreitern gewohnt, dürfen die zweibeinigen Akteure den Parcours abgehen und sich die optimale Linie zurechtdenken. Da unser Hund intuitiv dazu neigt, immer der ihm optisch als am günstigsten erscheinenden Ideallinie nachzulaufen, stellen Spitzenparcoursbauer gerne so genannte Verleitungen auf. Dies bedeutet, dass das Augenmerk unseres Hundes während des Überwindens eines Hindernisses automatisch auf ein weiteres gelenkt wird, das jedoch gar nicht als nächstes gefordert ist. Hier erweist sich dann, welcher der teilnehmenden Hunde dort am führigsten ist und sich eben nicht verleiten lässt.

In der Grundausbildung hat unser Hund gelernt, prinzipiell links geführt zu werden. Bei Agility kommt jedoch selbst bei einem kleinen Parcours bereits ein weiterer entscheidender Zeitfaktor hinzu: Der Wechsel von Links- und Rechtsführung. Würde jetzt unser Hund nur links geführt, muss der zweibeinige Mitstreiter weite Umwege und damit massiven Zeitverlust in Kauf nehmen. Insbesondere bei der Richtungsänderung um 180° unter ständigem Sichtkontakt zu unserem Hund (genannt die Emielsche Drehung oder Belgierkehre), ist dies für den weiteren Parcoursverlauf von entscheidender Bedeutung und spart eine Menge Zeit.

Außer aus mehreren Hochsprüngen besteht der Agilityparcours aus Weitsprung, Sprung durch einen aufgehängten höhenverstellbaren Reifen, Slalom und Röhre (Tunnel) sowie den Kontaktzonenhindernissen Schrägwand, Steg, Wippe und Tisch nach alter und/oder neuer Norm. Die vier letztgenannten Hindernisse werden deshalb so genannt, weil ein unerfahrener oder wenig wesensfester Hund dort entweder vorzeitig herunterzukommen versucht

Für die Zuschauer am spektakulärsten ist es, wenn die Hunde begeistert durch den Slalom „tanzen“.
Foto: Franziska Eng

oder die Anlehnung an seinen Meister sucht, was bei jedem einzelnen Kontakt zu einem Punkteabzug führt.

Die ersten Ansätze für den Agilitysport liegen in Europa etwa 15 Jahre zurück. Interessanterweise war Agility in Australien einiges früher verwurzelt. Trotz des schließlich 1995 eingeführten FCI-Reglements und der 1. Weltmeisterschaft 1996 in Morges (Schweiz) gab und gibt es länderbedingte Unterschiede bezüglich der Größenklasseneinteilung und der Hindernisabmessungen. Wie jede junge Sportart zunächst einmal praktische Erfahrungen sammeln und anschließend auch noch international auf einen gleichen Nenner bringen muss, so ist auch bei Agility gerade im Jahre 2000 einiges in Bewegung gekommen. So werden wohl in dem ab 2001 international geltenden Reglement

Agility ist nicht nur was für „Große". Pudel „Froufrou" wurde mit ihrem Besitzer Theo Hürlimann immerhin Schweizer Meister. Foto: Sylvia Sawitzki

insbesondere hundegerechtere Änderungen eingebaut. Wieder einmal die Schweiz wendet diese Neuerungen bereits seit Juli 1999 schon strikt an. Nicht nur für Neueinsteiger seien hier die augenfälligsten Neuerungen, die geplant sind, kurz aufgelistet:

- Mindestteilnahmealter des Hundes 18 statt zwölf Monate
- Abstand Slalomstangen 60 Zentimeter statt 50–65 Zentimeter
- Distanzen zwischen Sprüngen 4–6 Meter statt 5–7 Meter
- Schrägwand maximal 1,70 Meter statt 1,90 Meter für Standardklasse, Midi und Mini darunter
- Reifen höhenverstellbar je nach Größenklasse
- Reifen und Weitsprung immer in gerader Linie hintereinander
- Querleisten auf Kontaktzonenhindernissen 22 x 6 mm und abgerundet
- Wassergraben (Österreich) entfällt
- Tisch mit elektronischer Zeitmessplatte, der Hund muss ohne festgelegte Position 5 Minuten warten (alter Tisch: Richter mit Stoppuhr statt Sekundenzählens)
- Über Höhe und Weite des Sprungs ist man sich länderüberschreitend noch nicht abschließend einig
- Es gibt wieder drei Katergorien: small 25-35, Medium 35-45, Large (43) 55-65 Zentimeter
- Die Aufstiegskriterien wurden geringfügig erschwert

Sich einen kleinen eigenen Trainingsparcours aufzubauen, ist schon ein wenig aufwendiger als bei Obedience, aber dennoch mit etwas handwerklichem Geschick durchaus machbar. Aber auch schon beim täglichen Spaziergang lassen sich spielerisch auf einem Langholzstoß, einer Bank oder niedrigen Mauer Kontaktzonenprobleme auskorrigieren. Tunlichst wird dies zunächst mit Leine geübt und vor Erreichen der Kontaktzone der eigene Schritt merklich verlangsamt oder unserem Hund durch einen leichten Leinenruck signalisiert. Im eigenen Garten ist schnell mal mit einem unter das Brett gelegten Balken eine Wippe aufgebaut oder aus der aufs Mittelteil zusammengeklappten Sonnenliege ein Weitsprung gemacht. Und hinterher bekommt unser Hund wie üblich eine Belohnung oder gar sein Abendessen. Das lockere Üben ungewohnter Hindernisse in der grünen Saison macht nicht nur für die sportlichen Wettkämpfe in dieser Zeit einen Sinn, denn inzwischen gibt es auch schon Agility On Ice. Erstmals vom 12. bis 19.01.1997 in St. Moritz, wo teilnehmende Hunde während des Wettbewerbs gratis im Viersternehotel wohnen.

Übrigens gibt es zwei Agility Weltmeisterschaften. Das mag auf den ersten Blick verwirrend erscheinen, doch im Gegensatz zum Schlittenhundesport wurden bei Agility wenigstens unterschiedliche Bezeichnungen gewählt: Die FCI-WM für reinrassige und der AWC (Agility World Cup) unter gleichen Bedingungen für papierlose Hunde. Dieser AWC wurde zur Förderung des Breitensports 1996 von der Zeitschrift Agility Welt, der einzigen deutschsprachigen Zeitschrift für den Agilitysport mit Terminkalender der SKG, des ÖKV und VDH sowie der Beneluxländer ins Leben gerufen. Der 1. AWC fand 1997 in Emmendingen statt. Bei allen inzwischen ausgetragenen Meisterschafte, wie auch schon zuvor bei den Qualifikationsausscheidungen zeigte sich einmal mehr, dass viele unserer so genannten Mischlinge ohne weiteres manchen Rassereinen das Fürchten hätten lehren können, es also keinerlei Zusammenhang zwischen Ahnentafel und den Leistungen im Agilityparcours gibt.

Vielerorts wurde inzwischen der Trend der Zeit erkannt und ganzjährig von Nord bis Süd Agilityausbildungswochen für jedermann und jederhund unter fachkundiger Leitung angeboten. Meistens wohnt unser Hund dort im Hotel natürlich gratis, darf im Zimmer schlafen und bekommt oftmals sogar das Futter gestellt. Gewissermaßen Vorzeigeobjekt ist hier das Hotel Wolf in Oberammergau, in dem unser Hund nicht nur stets frische Frottéetücher in einer Truhe in der Hotelhalle vorfindet, auf Wunsch eine Schlafdecke oder einen Hundekorb bekommen kann, sondern auch auf dem hoteleigenen Agilityplatz unterwiesen wird – bei ganz schlechtem Wetter in der eigens dafür im letzten Jahr erstellten Halle. Krönender Abschluss ist jeweils ein „Plausch"-Turnier mit Elementen von Mobility beziehungsweise Military, das auf Video aufgezeichnet und beim gemeinsamen Abschlussessen für unseren Hund und seinen Besitzer vorgeführt wird.

Guter Rat:

- *Einiges während des Spazierganges üben*
- *Durch häufige Teilnahme Arbeitsfreude unseres Hundes fördern und Erfahrungen sammeln*

Was Military heißt, ist ein reiner Freizeitspaß. Da muss zum Beispiel ein Hindernis mit verbundenen Augen überquert werden, während der Hund brav wartet. *Foto: Sylvia Sawitzki*

Freizeit mit Fun

Military, Mobility

Das sind zunächst einmal verwirrend viele unterschiedliche Bezeichnungen für viel sehr Ähnliches mit oft nur geringen Abwandlungen. Irreführend im Freizeitbreitensport ist der Wortgebrauch Military, denn es hat nicht im Entferntesten etwas mit der ernsthaften Ausbildung für schussfeste Armee- oder Polizeidiensthunde, Schutz-, Katastrophen- und Spürhunde zu tun, die sich alljährlich zum Beispiel bei der Military Swiss Open oder German Open messen. Vielmehr ist bei diesem Freizeitsport Fun oder Spaß für alle vier- und zweibeinigen Teilnehmer angesagt, denn er setzt sich aus Elementen von Obedience und Agility zusammen und ist mit einer Vielzahl weiterer Aufgaben gespickt.

Es wird hohe Flexibilität vom Hund und von seinem Führer verlangt. Nur echte Allrounder, die schon viele facettenreiche Wettkämpfe durchlebt haben, schaffen hierbei hohe Punktzahlen. Im Allgemeinen sind zehn Stationen auf einem markierten Weg aufgebaut, bei denen entweder der Hund oder auch der Hundeführer allein, oder beide gemeinsam eine Aufgabe zu erfüllen haben. Dem Einfallsreichtum der Organisatoren sind überhaupt keine Grenzen gesetzt. Während es im sportlichen Wettkampf schon noch um das Erreichen der Höchstpunktzahl von 220 geht, steht bei „Plausch"-Turnieren die beschäftigende Unterhaltung, eben der reine Spaß an der Freud' im Vordergrund.

„Plausch" - der Spass an der Freud'

Wer in diesen Kategorien nicht unbedingt im harten Wettkampf mit Qualifikationen arbeiten will, das Ganze eher unter dem Aspekt von Vergnügen und Abwechslung betrachtet, braucht nur die einschlägigen Hundemagazine aufzuschlagen. Dort findet er reichlich Angebote für „Plausch"-Wochen oder auch nur Fun-Wochenenden, bei denen er in lockerer Atmosphäre zusammen mit den anderen Kursteilnehmern und Hotelgästen viel Abwechslungsreiches erlebt. Zwar werden auch dort Punkte verteilt, aber eben nur zum Spaß. Ein klein wenig Ehrgeiz packt einen ja schon, nicht unbedingt die rote Laterne zu erringen, so dass es sich empfiehlt, vorher zu Hause die eine oder andere Aufgabe schon einmal zu üben. Was alles auf unseren Hund, aber auch auf den Menschen hierbei zukommen kann, zeigt die nachfolgende Zusammenstellung, die natürlich keinen Anspruch auf Vollständigkeit erhebt.

Um nur einige Beispiele zu nennen JUST FOR FUN:

1. Kleiner Agilityparcours: zwei Sprünge, Kurzslalom, Tunnel, PET-Flasche apportieren, keine leichte Aufgabe, da viele Hunde das knackende Plastik nicht aufnehmen wollen.
2. Wissensfragen über Hunderassen und allgemeine Kynologie.
3. Seilhüpfen vor dem abliegenden Hund. Seilhüpfen ist schon schwierig, obendrein muss unser Hund ruhig vor dem Akteur liegen bleiben.

... oder der Hund ist Passagier auf einem Floß, sein Mensch spielt Flößer. Foto: Sylvia Sawitzki

4. Apport diverser Gegenstände (eventuell sogar aus einem Wasserbecken) vom Spielzeug bis zum Metallapport. Höchste Punktzahl bei schwierigstem Apport.
5. Enge Gasse mit Holzbänken, in Nasenhöhe Würstchen und andere interessante Sachen dort deponiert. Schon nicht einfach, unseren Hund daran vorbeizuführen, ohne dass er sich eine Wurst schnappt. Anschließend möglichst viele Sachen auswendig aufzählen!
6. Modenschau: In drei Minuten unserem Hund vier Socken und eine Kappe anziehen, selbst einen Regenmantel anziehen und eine Frage beantworten.
7. Einfache Gehorsamsübungen.
8. Büchsen mit Tennisbällen treffen, aber mit Boxhandschuh! Unser Hund muss ruhig daneben liegen.
9. Parallelslalom.

1o. Fragebogen (zum Beispiel Erdkunde, Tagespresse, Ursprungsland von Hunderassen) und Schätzfrage: Wieviel Leckerli befinden sich im Marmeladenglas?
11. Unser Hund liegt zwischen vier bis sechs Backsteinen ab, auf denen der Mensch ihn überquert.
12. Durch PET-Flaschenlabyrinth oder PET und Styropor unter Plane gemeinsam mit unserem Hund überqueren, ohne dass er auszuweichen versucht.
13. Auf einem Floß, Leiterwagen oder Schubkarre eine Strecke zurücklegen, ohne dass unser Hund abspringt.
14. Auf einem schmalen Steg einen kleinen Bach überqueren.
15 Unser Hund macht „Platz“, während der Mensch versucht, mit einer am Ast angebundenen Flasche eine bewegliche Zielscheibe zu treffen.
16. Unser Hund bleibt angeleint, während der Mensch über eine Wippe geht mit einem Buch auf dem Kopf.
17. Unseren Hund 10 Sekunden auf vier Holzzylinder stellen.
18. Tischtennisball von einem Becher in den nächsten von insgesamt sechs blasen – bei Gegenwind, unser Hund darf aber nichts apportieren.
17. Unser Hund trägt eine Schaumstoffstange einige Meter weit.
18. Gemeinsam über Gitterroste gehen.
19. Unser Hund durchquert ein Wasserbecken, während der Mensch möglichst viel Wasser von einer in eine andere Flasche umfüllt.

Wenn zuvor einiges hiervon daheim schon mal geübt und perfektioniert wurde, weiß ein jeder, wo die speziellen Stärken und Schwächen seines Hundes liegen. Das eröffnet dann bei derartigen „Plausch“-Turnieren die Möglichkeit, bei bestimmten Aufgaben einen Joker zu setzen, wodurch sich die erreichte Punktzahl verdoppelt. Eine gewisse Sonderrolle nehmen Combined Speed Cup (CSC), Kid Meeting und Canin Cross ein, weil bei allen drei Disziplinen im Gegensatz zu Obedience, Agility und Mobility beziehungsweise Spaß einiges ganz anders abläuft. Obendrein wird hier Kindern und Jugendlichen die anspornende Möglichkeit geboten, sich schon frühzeitig mit ihrem Hund zu präsentieren und Erfahrungen für den „großen Sport“ zu sammeln.

Combined Speed Cup (CSC)

Der Combined Speed Cup ist im Grunde genommen ein Dreikampf, verpflichtet jedoch niemanden, in allen drei Teilen zu starten. Spezialisten wie mutige, kleinwüchsige Kurzstreckensprinter haben auf der Geradeausstrecke mit vier Hindernissen allergrößte Chancen. Dieser vor 14 Jahren eingeführte Turnierhundesport wird als Einzel- und Mannschaftswettkampf durchgeführt und besteht aus drei Teilen mit unterschiedlich hohen Anforderungen. Entwickelt wurde der CSC aus den Laufdisziplinen des Vierkampfes wie Slalom, Hindernis- und Hürdenlauf und ist von daher sowohl dem Hundesportler als auch unserem Hund bereits größtenteils bekannt. Das Interessante am CSC ist aber, dass keiner der Teilnehmer alle drei Teile absolvieren muss, der Vereinstrainer kann also in jeden der drei Teile ein anderes Team schicken, das für die speziell darin geforderten Leistungen am besten prädestiniert ist. Allrounder sind beim CSC nicht gefragt.

Der erste Teil ist der anspruchsvollste Part. Bei diesem sehr eng gesteckten Parcours kommt es vor allem auf Geschicklichkeit, Führigkeit, Wendigkeit und Sprungvermögen an, um einen möglichst perfekten Tanz durch die Tore zu absolvieren. Der zweite Teil, zugleich längste Strecke, ist etwas für gut eingespielte Sprinter mit einer einzigen kritischen Wende über niedrige Hindernisse, bei denen jedoch der Hundeführer nie seinem Hund vorauslaufen darf. Der dritte und leichteste Teil besteht aus einer kurzen Geradeausstrecke mit vier Hindernissen, die auch von den weniger routinierten, aber schnellen Teams ohne weiteres bewältigt werden kann.

Kid Meeting

Die Betonung liegt auf dem Zusammentreffen, eben dem Meeting von jungen Hundesportbegeisterten, die spielerisch an die späteren, ernsten Sportkategorien herangeführt werden sollen. Beim Kid Meeting hat man das gewohnte Bewertungssystem aber einfach herumgedreht, indem es Punkte nicht für Fehler, sondern als Ansporn für jedes korrekt absolvierte Hindernis gibt. Auch bleibt das jeweils erste Berühren unseres Hundes im ohnehin schwierigen Kontaktzonenbereich straffrei. Und statt der oft heiklen Richtzeit bei Agility wurde eine großzügig bemessene Minimalzeit eingeführt, so dass sich schlussendlich keiner der Teilnehmer irgendwie ausgegrenzt fühlen kann.

Canin Cross (CC)

Seinen Ursprung hat das Canin Cross (CC) im Duathlon der Diensthunde, einem Crosslauf mit Schießposten sowie Schutzdienstarbeit. Geblieben sind davon für das Jugend Canin Cross der Lauf über drei bis vier Kilometer mit eigenwilligen Hindernisanforderungen. Gestartet wird in fünf Alterskategorien von acht bis zwanzig Jahren getrennt nach Mädchen und Jungen ohne Reglementierung von Größe oder gar Rasse eines Hundes, der mindestens ein Jahr alt sein und angeleint sein muss. Es darf sogar auch der Hund des Nachbarn sein. Zwischen und an den Hindernissen, stets überwacht von Punktrichtern, werden Hoch- und Weitsprünge, das gemeinsame Durchkriechen einer Betonröhre von 80 Zentimeter Durchmesser, das beiderseitige Unterqueren eines niedrigen Balkens, Kletter-Kriechkombinationen, aber auch das perfekte Begehen eines schmalen Gitterrosts gefordert. Es gibt weder Plus- noch Strafpunkte, jedes Hindernis – ganz gleich in welcher Form – muss irgendwie absolviert werden, einzig entscheidend ist die benötigte Zeit. Strafminuten kassiert, wer ein Hindernis auslässt oder auch nur den unterwegs abgesetzten Hundekot mit den mitgeführten Säckchen nicht aufnimmt. Der vorherrschende Leitgedanke beim CC ist der, bereits Kinder und Jugendliche als Nachwuchs zu fördern und vom Hundesport für später zu begeistern.

Läufe über ein paar Kilometer im Team wollen auch gemeinsam trainiert sein *Foto: Ulrike Schanz*

Zwar ist hierzulande der CC noch recht dünn gesät, aber durchaus im Werden begriffen. Hier wie bei so manch anderer Sommer- und Wintersportart lohnt sich der Blick über die eigenen Landesgrenzen durchaus. So werden beispielsweise in der Schweiz seit 1996 CC-Wettbewerbe mit oft bis zu fünfzig Teilnehmerinnen und Teilnehmern durchgeführt und mittlerweile nach vorangegangenen Qualifikationsläufen Schweizer Meisterschaften ausgetragen.

GUTER RAT:

- *Früh einsteigen und mitmachen*

TRIPOLI

Noch nie etwas von Tripoli gehört? Es ist ja auch eine noch sehr junge Sportart, die außerdem bisher nur in der besonders hundesportlich aktiven Schweiz wettkampfmäßig durchgeführt wurde. Ende August

1998 fand nach mehreren Vorentscheidungen das erste Finale im Kanton Bern statt.

Wie bereits die Bezeichnung Tripoli erahnen lässt, setzt sich diese aus Agility und Mobility entstandene Sportart aus drei Teilen zusammen – natürlich alles ohne Leine. Im ersten Teil starten zwei Hundeführer mit ihren vierbeinigen Athleten gegen die Stoppuhr parallel über einen Hindernisparcours. Wie aus dem Agilitybereich bekannt, müssen hierbei ein Weitsprung, ein kleiner Slalom zwischen vier Pylonen und das Durchkriechen eines Tunnels oder flexibler Röhre absolviert werden. Neu, und auch, um die Agilityprofis nicht einseitig zu favorisieren, ist eine im rechten Winkel angelegte Gasse fehlerfrei zu bewältigen. Die dort

Vier wackelige Holzklötze sind für einen Dackel durchaus ein Hindernis beim Tripoli. *Foto: Sylvia Sawitzki*

auf den Pylonen liegenden Holzstangen dürfen weder übersprungen noch heruntergeworfen werden. Um nach Möglichkeit einen Stau vor der Röhre zu vermeiden, ist diese als letztes Hindernis installiert. Um der Gerechtigkeit willen findet ein zweiter Lauf statt, in dem sowohl die jeweiligen Verlierer als auch Gewinner nochmals gegeneinander starten.
Der zweite Teil besteht aus einem leicht modifizierten Mobilityparcours mit sieben Stationen. Wobei auch einige Elemente aus dem Obediencebereich enthalten sind. Obligatorisch ist das Aufsteigen des Hundes auf einen zwei- oder vierrädrigen Wagen, der über eine bestimmte Distanz geradeaus oder auch in Kurven von einem Offiziellen bewegt und vom Teilnehmer in Höhe seines Hundes begleitet wird. Strafpunkte gibt es, wenn der Hund unterwegs abspringt oder festgehalten werden muss, weil ihm dieser Untersatz doch sehr wackelig vorkommt. In einer weiteren Mutprobe wird der Hund zwischen mehreren Backsteinen frei abgelegt, auf denen anschließend der Hundeführer über seinen Hund hinwegschreitet. Der Hund muss ruhig liegen bleiben und warten, bis er wieder abgerufen wird. Schwierig wird es bei der Hürde, deren Sprunghöhe jeder Teilnehmer selbst festlegt. Richtig kritisch wird es da auf dem Rückweg, weil der Hund jetzt diese Hürde nicht wieder überspringen darf, sondern unten durch zurückkriechen soll.

Im dritten, abschließenden Teil müssen die Teilnehmer gegen die Uhr einen Parcours durchlaufen, der wiederum zum Teil aus den bekannten Agilityhindernissen, aber auch aus selbst gebastelten besteht. Da noch kein endgültiges Reglement für Tripoli existiert, sind dem Einfallsreichtum des Veranstalters kaum Grenzen gesetzt. So wird manchmal von den Teilnehmern Treffsicherheit verlangt, weil ein Tennisball durch ein Loch in einer aufgestellten Wand geworfen werden muss, und es zu Zeitverlust führt, wenn der Hund vor lauter Freude über diese Abwechslung den Ball apportiert. Viele der voranstehend bei Mobility aufgeführten Stationen finden sich hier auch wieder.

Zwar nicht offiziell unter Wettkampfbedingungen mit Vorausscheidungen und Endläufen, aber von der sportlichen Übung her durchaus vergleichbar wird inzwischen Ähnliches an vielen Orten auch in Deutschland und Österreich unter der Bezeichnung „Spaßwochen für oder mit dem Hund“ angeboten. Zusammenfassend darf wohl festgestellt werden, dass bei derartigen Anlässen die optimale Zusammenarbeit zwischen dem Hund und seinem Führer in lockerer Atmosphäre im Vordergrund steht, aber auch ein gewisser Anreiz durch die wettkampfmäßige Durchführung besteht. Es ist auch nicht zu übersehen, dass unser Hund um viele Erfahrungen reicher wird.

Guter Rat:

- *In frühester Jugend schon mitmachen*

Mondioring

Diese weltweit härteste Schutzhundesportart soll an dieser Stelle nicht vertieft werden, auch wenn sie seit Januar 1995 von der FCI anerkannt wird, in der Schweiz

Apportiert wird beim Mondioring nicht einfach ein Bringholz, sondern beispielsweise so eine leere Wasserflaschenkiste.
Foto: Sylvia Sawitzki

seit den Achtzigerjahren betrieben wird, seit langem eine sehr populäre Sportart in Frankreich, Belgien und den Niederlanden ist, aber in Österreich zum Beispiel noch nicht legalisiert wurde. Bis zur Mondioringteilnahme ist es nicht nur ein langer Weg, der Sport ist auch nicht gerade jedermanns Sache. Beim Mondioring wurden aus den bekannten Ringsportarten Sequenzen herausgefiltert und in einer einheitlichen Prüfungsordnung zusammengefasst, die – wie der Name schon sagt – auch Mannarbeit, also Schutzdienst umfasst. Dieser Wettkampfsport erfolgt in den drei Sparten Unterordnung, Sprünge und Schutzdienst. Die Unterordnung entspricht im Wesentlichen der Obedience in Bezug auf Freifolge, Freiabliegen, Futterverweigerung, Vorausschicken mit Sitz, Platz und Steh bis hin zum Apport und geruchsidentifizierten Apport. Der einzige Unterschied liegt im Apport, das bis zu einem Kilogramm wiegen darf und statt des gewohnten Bringholzes auch eine leere Bierkiste, eine Gießkanne oder Plastikflasche sein kann, jedoch nie Glas oder Metall. Bei den Sprüngen sind die Anforderungen schon recht hoch gesteckt. So werden an der Steilwand maximal 2,30Meter, dem Hochsprung 1,20 Meter und beim Weitsprung bis zu vier Meter gefordert. Schließlich beim Schutzdienst der Angriff von vorn und bei der Flucht, das Revieren wie beim Sanitätshund, die Verteidigung des Hundeführers und das Bewachen von Gegenständen.

GUTER RAT:

- *Nur zu empfehlen, wenn der Hund (mit Stammbaumpapieren) zum Schutzhund ausgebildet werden soll*

Dog- und Sacco-Cart® -Rennen

Bei dieser Sportart werden speziell für Hunde konstruierte Wagen verwendet, vor die je nach Kategorie ein Hund oder zwei Hunde eingespannt werden können. Beide Carttypen mit 20 beziehungsweise 30 Kilo sind leichter als die oftmals bis 90 Kilo wiegenden Trainingswagen der Schlittenhundesportler, denen letztlich die Idee abgeschaut wurde. Selbst für die weniger sportlich Ambitionierten bieten solche Carts eine hervorragende und zugleich abwechslungsreiche Konditionierungsmöglichkeit für ihren Hund.

Diese noch recht junge Sportart wurde von dem Sportjournalisten Coni Altherr ins Leben gerufen, der 1995 das erste Rennen dieser Art als Weltpremiere in Studen bei Einsiedeln (SZ) unter dem Blickwinkel durchführte, jedem Einhundbesitzer einen Wettstreit zu bieten. Dass es gar nicht mal immer ein Hund sein muss, bewies – wenn auch außer Konkurrenz – Nadia Greter 1996 in Uster (ZH) mit ihrem Minipony. Heute erfreuen sich derartige Rennen zunehmender Beliebtheit. Wie so oft sind uns auch in dieser Disziplin Schweizerinnen und Schweizer einen bis mehrere Schritte voraus und führten schon 1997 die 1. Schweizer Meisterschaft durch. Während dort dieser Sport für jedermann und jederhund offen ist und einem vom Dachverband abgesegneten, ganz strengen Reglement unterliegt, laboriert der deutsche Dachverband DSSV noch an allgemein gültigen Regeln und Ausschreibungen herum.

Wenn unser Hund mindestens zwölf Monate alt ist und ein Stockmaß nicht unter 50 Zentimeter besitzt, darf er starten. Gemäß Dog-Cart-Reglement gibt es jeweils für Gespanne mit einem Hund und solche mit zwei Hunden drei ganz verschiedene Kategorien, wobei es jedem Teilnehmer freigestellt ist, ob er in nur einer oder allen startet. So hat er die Wahl zwischen Speed, Sprint und Geschicklichkeit-

Fahren mit dem Dog-Cart kann heißen, gemeinsam die Natur zu genießen und die Muskulatur der Hunde zu konditionieren ...
Foto: Axel Wandel

sparcours. Im Speed starten zwei Carts im KO-System auf einem Rundkurs von 400 bis 800 Meter gegeneinander. Diese Kategorie wird in der BRD seit 1997 favorisiert und naheliegenderweise jeden Herbst auf Pferderennbahnen im Saarland durchgeführt. Im Sprint hat unser Hund dann schon einen Rundkurs von 2,3 bis fünf Kilometer Länge zu absolvieren, wobei eine auf Zehntelsekunden genaue Zeitmessung erfolgt. Der Geschicklichkeitsparcours schließlich stellt eine echte Her-

... oder auch in einem Geschicklichkeitsturnier antreten. Hier ist gut der unheimlich tiefe Schwerpunkt des 20 Kilogramm leichten Dog Cart zu erkennen, den man praktisch nicht umwerfen kann.
Foto: Axel Wandel

ausforderung an unseren Hund, aber auch an den Cartlenker dar. Ein solcher Parcours – bewertet nach Zeit und Fehlern – besteht aus fünf Standardhindernissen, die bei allen Rennen gleiche Abmessungen haben. Für die übrigen Hindernisse haben sich gewisse funktionelle Kriterien herauskristallisiert, variieren aber von Ort zu Ort.

Wenn auch der Cartsport ebenso wie das Velojöring inzwischen international Einzug gehalten hat, gibt es dennoch gravierende Unterschiede. Nur in der Schweiz

Hier ist ein einspänniger Sacco-Cart® im Geschicklichkeitsparcours. Keines der Räder darf die Balken berühren. Der Hund konzentriert sich schon auf das nächste Hindernis, die Wippe ... *Foto: Axel Wandel*

wird er als eigenständige Sportart für Dog- und Sacco-Cart gleichermaßen ausgetragen, jedoch sind seit neuestem im Sprint auch Gespanne mit bis zu maximal vier Hunden vor schwereren Wagen zugelassen. Die Sprintstrecke ist nur ein einziges Mal zu durchfahren, Speed wird kaum angeboten. Alle fünf Rennen finden ausschließlich sonntags statt. In der BRD und dem übrigen Ausland sind die Kategorien Velojöring und Cart neben Roller nur eine verschwindend kleine Untergruppierung bei den Schlittenhunde-Wagenrennen über zwei Tage mit einer Vier-, Sechs- und Zehnhundeklasse. Obendrein erfolgt der Wettkampf zum Beispiel beim erstmals 1997 ausgetragenen German Open über Kurzdistanzen von 1,2 Kilometer (2,4 Kilometer für die Zehnhundeklasse) auf einem mehrfach zu durchfahrenden Rundkurs, für unseren Hund eine ebenso langweilige Sache wie auf dem gleichen Weg hin und zurück zu rennen. Eine Teilnahme mit Dog-Cart oder auch der Parcours sind dort noch weitgehend unbekannt. Wer weitere Informationen über den Cartsport haben möchte, kann sie sich aus dem Internet unter http://www.swissmushing.ch/ beschaffen.

Kurzcharakteristik Dog Cart

(von deutschem Konstrukteursteam entwickelt)

- 20 Kilogramm strapazierfähiger Textilsitz (verstellbar) mit Dämpfungseffekt
- Dreirädrig, Ballonbereifung, wartungsfreie Speziallager an Starrachse hinten
- Vorderrad extrem grobstollig, modernste Nabenbremstechnik (fußbedient)
- Robuste Konstruktion auch für schwierigstes Gelände
- Chassis auf Körperlänge verstellbar, für Transport im Autoinnenraum zerlegbar (Zwei Bolzen)
- Extrem niedriger Schwerpunkt, kein Umkippen möglich bei scharfer Kurve in full speed

In voller Fahrt doppelspännig über die Wippe. Schwierig wird es, wenn ein Hund das Hindernis zu umgehen versucht ...
Foto: Axel Wandel

- Lenkung durch Beine, unterstützt durch flexibel gelagerten Handbügel auf Führungsdeichsel, daher keine Mitnahmemöglichkeit eines Kindes

KURZCHARAKTERISTIK SACCO CART®
(von querschnittgelähmtem früheren norwegischen Pulkasportler entwickelt)

- 30 Kilogramm, großer gurtbespannter Sitz, starke Stoßdämpfer an Hinterachse
- Vierrädrig 20", schmal, feinstollig und schwach bespeicht, Einzelradaufhängung vorne
- Höherer Schwerpunkt (27 Zentimeter Bodenfreiheit), starres Chassis, zum Transport nicht zerlegbar (nur per Dachlast)
- Lenkung und Bremsung (auf Hinterradprofile) durch Hände, kein Gebrauch der Füße, dadurch Mitnahmemöglichkeit zweiter Person auf dem Sitz. Erwachsener kann auch hinter dem (von Zweitperson genutzten) Sitz stehend Lenkung und Bremse bedienen (im Wettkampf unzulässig)

GUTER RAT:

- *Luftdruck vor jeder Fahrt prüfen, Fußluftpumpe im Auto*
- *Bremsen nach Gebrauch wieder optimal justieren*

Sport im Winter

Selbstverständlich ist unser Hund das ganze Jahr über kontinuierlich trainiert und konditioniert worden. Er hat eine Menge Erfahrungen sammeln können, er ist „aufgebaut" worden und topfit. In dem Wissen, welche Wintersportarten ausgeführt werden sollen, wurden diejenigen Trainingsmöglichkeiten besonders forciert, die unseren Hund hierauf gezielt vorbereiten. Allein schon die anderen, meist schwierigeren Bodenverhältnisse, aber auch die sportliche Betätigung bei wesentlich niedrigeren Temperaturen oder in großer Höhe erfordern eine rechtzeitige, aber niemals schlagartige totale Futterumstellung .

Wenn sich unser Hund lediglich ab und an sportlich im Winter bewegt, bedarf es im Regelfall keiner Futterumstellung, da die heutigen ausgewogenen Fertigfutter-

Ein Familienhund braucht im Winter kein anderes Futter als im Sommer, ein Leistungssportler aber muss umgestellt werden.
Foto: Ulrike Schanz

mittel alles Erforderliche an Rohproteinen, essenziellen Fettsäuren, Mineralien und anderem. bis hin zum wichtigen Zink enthalten. Verbraucht unser Hund jedoch durch Zwingerhaltung oder ständige Winteraktivität mehr Energie, sind leistungssteigernde Zugaben unerlässlich. Die erhält er bereits, wenn er für den winterlichen Sporteinsatz „auftrainiert" wird. Eine feste Regel, was unser Hund hierzu speziell braucht, gibt es nicht, denn wie beim Menschen gibt es bei Hunden ebenfalls schlechte und gute Futterverwerter. Wichtig ist deshalb die ständige Gewichtskontrolle, damit unser vielleicht 30Kilogramm wiegender Hund nicht urplötzlich 10 Prozent Übergewicht über viele Kilometer tragen muss. Wird das Futter von Menge oder Zusammensetzung her umgestellt, darf das nur in kleinen Schritten erfolgen, bis nach etwa vier Wochen der volle neue Standard erreicht ist. Das gilt auch bei einer Umstellung vom Light- auf das Hochleistungsfutter des gleichen Herstellers.

Dennoch: Gewisse Zugaben haben sich in der Vergangenheit positiv ausgewirkt. Einmal sind es Elektrolyte, die fast ausschließlich vom jeweiligen Hundehalter ganz individuell aus Isostar, Traubenzucker, Basica und anderen Zutaten zusammengemixt werden. So steigert Ascorbinsäure nicht nur die Leistungsfähigkeit, sondern auch die Ausdauer, schmeckt jedoch in Reinform absolut scheußlich. Aufgenommener Traubenzucker wird von einem aktiven Hund zuerst abgebaut, ehe er an die eigenen Körperreserven geht, aber den süßlichen Geschmack mag kaum ein Hund.

Nicht unterschätzt werden darf der Wasserhaushalt eines Hundes im Winter. Bei jeder, ganz gleich wie auch immer gearteten Leistung kommt er ins Schwitzen, das bei unserem Hund lediglich über eine Oberflächenvergrößerung von Zunge und Pfoten erfolgt. Unterwegs kann zwar unser Hund seine dringendsten Bedürfnisse durch Schneebeißen vorübergehend befriedigen, was aber zu Durchfall und Magenverstimmung führt und im Rennen durchaus einige Sekunden kostet.

Ob nun einfach Pflanzenöl oder ein Stück Butter vor dem Start ins Wasser gegeben oder die zu Hause vorbereiteten Eiswürfel mit klein gehacktem Fisch darin verabreicht werden, ist letztlich Geschmacksache. Geschmacksache für unseren Hund, denn er muss diesen Mix aufnehmen. Probater ist es da schon, insbesondere die oft wenig einladend schmeckenden Elektrolyte zu Hause bereits mit echtem Fleischsaft statt salziger Brühwürfel zu versetzen. Dann kann wohl keiner unserer Hunde noch ernsthaft widerstehen und wird diese Energiebombe auch in Form von Eiswürfeln dann aufnehmen, wenn er das zuvor einmal gelernt hat. Zu Eiswürfeln greifen die Profis deshalb gerne, weil der arbeitende Hund unbedingt auch seinen Flüssigkeitshaushalt ausgleichen muss und von sich aus zu wenig trinkt. Mit dem Eiswürfel bekommt er sowohl Flüssigkeit als auch konzentrierte Energie. Und da er ihn zerkaut, haben Eiswürfel auch nicht den negativen Effekt auf den Magen wie Schneefressen. Zum ersten Mal vor dem Wintereinsatz mit diesem Eisklotz konfrontiert, wird

So wie ein Mensch, müssen sich auch Hunde an die dünne Luft im Gebirge anpassen und haben ebenso einen Leistungsabfall, meist aber erst am dritten Tag. *Foto: Herbert Kraft*

unser Hund davorsitzen und denken, gibt's denn hier sonst nichts anderes. Damit sei gesagt, dass auch dies lange vorher einmal zu Hause geübt werden sollte. Klappt es beim ersten Mal nicht, dann doch spätestens am dritten Tag, weil vorher sein Futternapf leer blieb.

Grundsätzlich darf auch nicht übersehen werden, dass wegen der erhofften Schneesicherheit höher gelegene Örtlichkeiten aufgesucht werden und dort – schon in 1.000 Meter über NN, weiter oben noch mehr – die Luft so dünn ist, dass sie die eigene Leistungsfähigkeit ebenso dezimiert wie die unseres Hundes. Hinzu kommt die unterschiedliche Akklimatisierungszeit von Mensch und Hund. Während es beim Menschen am zweiten Tag zu einem spürbaren Leistungsabfall kommt, tritt dieser bei unserem Hund erst einen Tag später ein. Teilnehmer der Schlittenhunde Weltmeisterschaften, bei denen der dritte Lauf der alles entscheidende ist, können hiervon ein Lied singen.

Bei aller Faszination des Wintersports mit unserem Hund gibt es vor allem beim Aufenthalt im Hochgebirge Gefahren, deren richtige Einschätzung lebensentscheidend sein kann. So dürfen beispielsweise die Beherrschung kritischer Situationen wie eigene Stürze ebenso wenig unterschätzt werden wie Gletscherspalten oder die Lawinengefahr. Schon beim Schneeschuhwandern oder Dog Packing im Tiefschnee abseits der Pisten können Lawinen ausgelöst werden. Als Minimum gehören ein scharfes Messer, ein Lawinensuchgerät (LVS), ein Piepser, das Handy, eine Schaufel und frische Batterien zusätzlich ins Gepäck.

GUTER RAT:

- *Zusammen mit vor Ort Erfahrenen planen*
- *Neuestes Kartenmaterial beschaffen*

SPASS IM SCHNEE

Wer nicht ganz so sportlich ambitioniert mit seinem Hund in den Schnee gehen möchte, kann und sollte ihm dennoch bei einem Familienausflug etwas von der weißen Pracht gönnen. Jeder hat zu Hause schon einmal erlebt, wie sein Hund beim ersten Schnee ausflippt und plötzlich um Jahre jünger erscheint. Wenn nur die eigene Familie mitkommt, muss für das ausgelassene Spiel der Mensch als Spielkamerad herhalten, mitrennen, auflauern und jagen. Bald schon steht den tiefschneenassen Kindern der Sinn eher mal nach einer Ovomaltine in der nahen Loipenhütte. Die Ausdauer unseres Hundes ist jedoch um ein Vielfaches größer. Wenn sich aber mehrere Hundebesitzer zu einem ausgiebigen Hundespaziergang zusammentun, geht die Post so richtig ab, denn alle Hunde kennen sich ja seit langem und beschäftigen sich vor allem selbst miteinander.

Trotz der durchaus filmischen Qualitäten eines solchen ausgelassenen Hundespiels sollte es nie auf irgendwelchen Pisten, Loipen oder Wegen praktiziert werden, den Mitmenschen zuliebe eher etwas abseits. Was liegt zur Animation unseres Hundes näher, als in einem solchen Umfeld Schneebälle zu werfen. Wenn er beim Herumtollen nicht ohnehin aus

Ein Ball, der sicher gleich geworfen wird, ist zu jeder Jahreszeit interessant. Und auch viel gesünder als ein Schneeball, den der Hund beim Fangen halb runterschluckt. *Foto: Ulrike Schanz*

purem Übermut immer wieder mal in den Schnee beißt und etwas davon auch schluckt, kann ihn das vergebliche Schneeballsuchen schnell mal zum Schneefresser werden lassen. Die Folge davon ist meist eine Magen-Darm-Entzündung mit Durchfall, der nur mit ein paar Tagen Schonkost abzustellen ist.

Legt unser Hund zwischendurch eine kleine Pause ein, steht möglicherweise

Schnee- und Eisklumpen im Fell, die sich nicht locker abstreifen lassen, werden erst zu Hause abgetaut. Foto: Ulrike Schanz

schlotternd in Abwartestellung etwas abseits, so ist dies meist kein Grund zum Abbruch des kalten Vergnügens. Es handelt sich vielmehr um eine Hypertonie seiner Muskulatur, eine erhöhte Spannung und höheren Blutdruck, hat aber mit Frieren oder Angst nichts zu tun. Allerdings sollten dünnfellige Wohnungshunde bei Minustemperaturen nicht längere Zeit wartend auf kaltem Untergrund sitzen oder liegen. Ein mitgenommenes Schaffell oder. eine kleine Isomatte schützt sie bei einer längeren Rast. Und wenn die Menschen nach der Wanderung noch einkehren möchten, sollte der Hund selbstverständlich mit von der Partie sein, jedoch nicht pudelnass einkehren. In das geparkte Auto gehört er nicht, denn dort drin liegt die Temperatur oft nur ein Grad über der Außentemperatur.

Auch nicht zu vergessen: Streusalz greift leicht die Pfoten an. Können gesalzene Wege nicht gemieden werden, steht nach dem Heimkommen ein lauwarmes Pfotenbad zur „Entsalzung“ auf dem Plan; anschließend die Ballen mit rückfettender Creme behandeln.

Übrigens: Der eine oder andere Hund ist ja ein wahrer Stürmer, der ständig an der Leine zerrt und seinen Menschen spazieren führt, statt umgekehrt. Mit solch einem Rüpel getraut sich folglich kaum jemand noch in die Stadt, auf den Hundeplatz oder auch auf einen durchaus auch mal rutschigen Spazierweg. Früher galt als Allheilmittel das bei langhaarigen Rassen ohnehin fast wirkungslose Stachelhalsband und die ständige Hauruckmethode, die leider heute immer noch auf manchen Hundeplätzen in der Ausbildung praktiziert wird. Dabei hat sich in Fachkreisen die Meinung durchgesetzt, dass damit im Endeffekt gar nichts bewirkt wird, ein Hund schon gar nicht motiviert werden kann. Abgesehen von der zunehmend propagierten, auf Hörzeichen mit anschließender Belohnung aufgebauten Clickermethode, hat sich seit vielen Jahren bereits das von Dr. med. vet. Roger Mugford entwickelte Halti® als optimal erwiesen. Es ist überall im Fachhandel erhältlich. Diese verstellbare, überkreuzte Gurtbandkonstruktion über Schnauze und Hals unseres Hundes wirkt ohne jegliche Schmerzverursachung ähnlich wie bei der Reiterei das Hackamore nur auf den Nasenrücken ein. Bei richtiger Anwen-

Das Halti® ist für den Hund völlig schmerzlos, aber seine Wirkung ist jedes Mal wieder verblüffend. *Foto: Axel Wandel*

dung des Halti® wird der eine Karabiner der Führleine nach wie vor in das Halsband eingehängt, während der andere in den Ring des Halti® eingeklinkt wird. Will ein Hund nun in der ihm üblichen Längsrichtung nach vorne auf sein Gegenüber zustürmen, kommt es durch ein Ziehen am Halti® zum Abwenden des Kopfes und zu der bekannten Dominanzgebärde des Nackenfeilbietens. Außerdem gerät der Hund vorübergehend aus seinem gewohnten Gleichgewicht. Der kurzfristige Gebrauch eines solchen Halti® vor dem Beginn einer Wettkampfkonkurrenz oder auch nur während der ersten paar hundert Meter eines Spazierganges hat erfahrungsgemäß nachhaltige Wirkung. Der Hund hat sehr bald gelernt, nicht mehr um jeden Preis vorauszustürmen. Dies, gepaart mit einem anschließenden Lieblingssnack beim Abnehmen des Halti®, wirkt Wunder und motiviert jeden Hund. Später genügt dann ein lobender Klaps auf die Schulter.

GUTER RAT:

- *Großen alten Ball von zu Hause mitnehmen*
- *Handtuch, Wasserkanister, Napf und Belohnungshappen sowieso*

DOG PACKING

Jeder Hund will gefordert werden. Das Tragendürfen von Pack Bags ist eine solche Herausforderung, die unseren Hund gewissermaßen erhobenen Hauptes zwischen den anderen herumlaufen lässt: Schau mal, was ich da kann!

Hier wie überall gilt der oberste Grundsatz, dass jedwede Aktivität ganz gleich welcher Art auch immer nie ohne vorherige Konditionierung, ohne entsprechendes Training erfolgen darf. Ebenso wie der Mensch bekommt der Hund Muskelkater, der ihm früher oder später diese Betätigung deshalb verleidet, weil sie für ihn ja mit Schmerzen verbunden war. Das Gedächtnis unseres Hundes ist noch enormer als seine Riech- und Hörleistung, Ethologen vergleichen es von daher gerne mit der beeindruckenden Lernfähigkeit der hinlänglich bekannten Delphine einschließlich ihrer „Speicherkapazität" des einmal Erlebten. So ist es kein Hundelatein, wenn beispielsweise Schlittenhundeführer sich beim Meeting vor dem Rennen besorgt danach erkundigen, ob an dem Trail gegenüber dem letzten Jahr etwas verändert worden sei. Sie wissen nämlich nur zu genau, dass ihre Leithunde selbst nach einem vollen Jahr der Abstinenz von eben diesem Rennort den alten Weg einschlagen wollen, wenn dort nicht seitens des Veranstalters besondere Vorkehrungen getroffen sind beziehungsweise der Musher – so heißen die Schlittenhundefahrer im Fachjargon – an diesem Punkt höllisch aufpasst.

Basierend auf diesem Wissen belastet man den Hund beim ersten Probelauf deshalb nie mit randvollen Packtaschen, geht vielmehr so behutsam vor wie vor Jahren bei den ersten Gehversuchen mit der Leine, ganz ähnlich wie einem jungen Pferd statt des Sattels erst einmal ein nicht allzu fest geschnallter Voltigiergurt umgelegt wird. Es wäre auch falsch, die ersten Geh-

Packtaschen sind für einen Hund kein Problem, im Gegenteil, Hunde lieben es, gefordert zu werden.
Foto: Tatjana Prawitz

versuche mit Packtaschen ausgerechnet in einem Strauchgebiet zu unternehmen, weil ein Hund zwar ganz genau seine Körpergröße kennt – also aufgrund seiner über den ganzen Körper verteilten Tastsensoren bei jedem Hindernis weiß, ob er durchpasst oder nicht und dann mehr als irritiert ist, wenn er plötzlich doppelt so breit ist und dort stecken bleibt.

Jeder Hund ab Stockmaß 50 Zentimeter ist ohne weiteres in der Lage, Packtaschen zu tragen. Diese Art des Lastentragens ist so neu auch wieder nicht, denn es ist noch gar nicht so lange her, dass dies bei Trappern, Indianern und Eskimos weit verbreitetet war. Ohne eigentliche Notwendigkeit wird heute das Dog Packing bei Wanderern, manchmal auch von Wildhütern gerne angewandt. Letztere packen zudem gerne irgendetwas Klapperndes in die Taschen, weil das Wild dann frühzeitig abspringt, wenn der Hund mal abgeleint mitgehen darf. An diese Taktik sollte man durchaus auch bei ganz normalen Wanderungen denken. Gewöhnt werden an Packtaschen kann ein Hund durchaus bereits mit dem zehnten Lebensmonat. Wie schon bei der Gewöhnung an Halsband und Leine im Welpenalter ist auch hier das Beschnuppernlassen und anschließende Auflegen der leeren Pack Bags bei gleichzeitigem beruhigenden Streicheln des Rückens der beste Einstieg. Unabdingbar ist ferner, dass die Last nicht nur auf beiden Seiten gleichmäßig verteilt wird, das Gewicht erst bei zunehmender Konditionierung gesteigert wird und später bis maximal 25 Prozent des eigenen Körpergewichts (im Flachland bis zu 1/3) beträgt, sondern auch, dass ein solcher Pack Bag verrutschfrei möglichst weit vorne auf den Hundeschultern ruht und damit den Rücken schont. Bei besonders quirligen oder ausgeprägt jagdfreudigen Hunden wurde das Lastentragen übrigens als gut auslastende Beschäftigungstherapie erkannt und angewandt.

Für einen verantwortungsbewussten Wanderer mit Hund ist es ein ungeschriebenes Gesetz, dass mit Rücksicht auf die Landwirte während der Vegetationszeit kein Hund auf Wiesen und Feldern frei laufen darf. Ganz selbstverständlich wird auch der am Wegesrand abgesetzte Kot mit einem der vorsorglich eingesteckten Robidog®-Säckchen (ersatzweise Frühstücksbeutel) aufgenommen und im nächsten Abfallkübel entsorgt.

GUTER RAT:

- *Robidog®-Säckchen oder ähnliche Beutel mitnehmen*
- *Pausen einlegen*

ROMANTISCHE MONDNACHT

Für die ganz Romantischen unter uns noch ein Insidertipp: Eine Nachtwanderung bei klarem Mondschein wird ein unvergessliches Erlebnis bleiben und stellt zugleich für unseren Hund eine willkommene Abwechslung dar. Dabei ist es nebensächlich, ob ein solcher Romantiktrip mit gutem Schuhwerk auf Wanderwegen oder aber mit Schneeschuhen im Tiefschnee ausgeführt wird. Wichtig ist vor allem, dass dieses Unternehmen nie allein von einem einzelnen Menschen mit Hund in Angriff genommen wird, auch ein Menschenpaar ist zu wenig. Nicht nur mehr Sicherheit, vor allem auch das gemeinsame Erleben in der nächtlichen Natur bietet dann schon eine größere Gruppe.

Dennoch sollte zuvor einiges genau beachtet werden. Zunächst wird die Strecke oder Route am Tage bestens erkundet, heikle Stellen gründlich untersucht oder dort sichere Umgehungsmöglichkeiten ausgekundschaftet und anschließend mit der Gruppe besprochen. Danach geht es an die Startvorbereitungen für die Nacht. Der nächtliche Temperaturunterschied darf nicht unterschätzt werden, weshalb die Kleidung gewissenhaft darauf abgestimmt werden muss. Die Gruppe sollte für alle Fälle über mindestens ein – gut aufgeladenes – Handy verfügen, auch ein Kompass schadet ja nie. Sehr praktisch sind ferner Stirnlampen, so dass beide Hände jederzeit frei bleiben. Wegen der längeren Leuchtdauer von rund zwölf Stunden sollte grundsätzlich darauf geachtet werden, dass eine Batterie mit 4,5 Volt Verwendung findet. Für ganz Empfindliche gibt es dann noch Handwärmer, die durch ungefährlich verbrennende Brennstäbe aus Spezialkohle in den geräumigen Fausthandschuhen oder der Jackentasche bis zu sieben Stunden eine angenehme Wärme abgeben. Die heutige Outdoorkleidung verfügt meistens bereits über reflektierende Streifen an Rücken und Ärmeln. Ist das bei der eigenen Ausrüstung noch nicht der Fall, tut es zur Not ein nach hinten gedrehtes reflektierendes Stirnband.

Rodelschlitten und Hund, das passt nur auf dem Foto zusammen. Kein Hund sollte einen zu Tal rasenden Schlitten verfolgen, die Unfallgefahr ist zu groß. *Foto: Ulrike Schanz*

Auch die Hunde müssen nachttauglich gemacht werden, wenn auch weit weniger als die teilnehmenden Menschen. Auch für sie gibt es reflektierende Halsbänder und Zuggeschirre, die mindestens einen breiten Leuchtstreifen aufweisen. Solche Reflektionsbänder lassen sich aber auch mittels eines Klettbandes sowohl an einem bereits vorhandenen Zuggeschirr als auch an mindestens der rückwärtigen Front der Packtaschen befestigen. Es ist eigentlich selbstverständlich, dass die Hundemeute nicht frei herumtobt oder gar plötzlich in der Ferne verschwindet. Und schlussendlich braucht sich niemand Gedanken zu machen, dass sein Hund vielleicht mal so wie wir stolpern würde: Er sieht nämlich nachts noch weitaus besser als am Tage. Eine spezielle Struktur in seinen Augen (tapetum lucidum) verstärkt das Restlicht, so dass sich unser Hund in Dämmerung und Dunkelheit hervorragend orientieren kann.

GUTER RAT:

- *Batterien prüfen oder ersetzen*
- *Intensive Vorbereitung*
- *Nur gemeinsam in einer Gruppe Gleichgesinnter*

RODELBEGLEITUNG

Jeder kennt den unheimlich lustigen TV-Spot gegen Ende der winterlichen Wetterprognosen, wo ein völlig ausgeflippter Hund mit Freudengebell den zu Tal flitzenden Rodelschlitten mit ein oder zwei seiner Familienmitglieder darauf verfolgt. Natürlich hat der Hund seinen ultimativen Spaß an dieser Verfolgungsjagd.

Der verantwortungsbewusste Mensch aber sollte dies nicht nachahmen. Er weiß einerseits, dass sein Hund ein Beutetier ist, das alles jagt, was sich bewegt; eben auch mal fremde Rodler, die vielleicht überhaupt kein Hundeverständnis haben und entsprechend ängstlich und damit fehlreagieren. Da andererseits Rodelschlitten keine Bremse haben und sich nicht wie Fahrrad oder Auto leicht um Hindernisse herumlenken lassen, kommt ein Hund schnell mal unter die Kufen. Es sei zugestanden, dass es vierbeinige Profis gibt, die beispielsweise am liebsten in die Hinterreifen eines mit Höchstgeschwindigkeit fahrenden schweren Traktors beißen wollen, wenn ein Weideumtrieb angesagt ist. Und drittens weiß mensch, dass ein unter Schmerzen leidender, verletzter Hund in seiner Verzweiflung in alles hineinbeißt, was ihm vor den Fang kommt – auch in die helfende Hand des eigenen Menschen oder sogar in das Gesicht des eigenen oder fremden Kindes, das ihn mit Händen und Gesicht zugleich beschützend umfangen und trösten möchte.

Das kann niemand wirklich wollen oder juristisch ausgedrückt: billigend in Kauf nehmen, denn dies sind im Falle eines Unfalls auf der Rodelpiste die Kriterien für spätere Schadenersatzforderungen. Wie gerne sich Versicherungsgesellschaften dann zieren, wenn es ans Zahlen geht, darf als hinlänglich bekannt vorausgesetzt werden. Es geht dann ans eigene Portemonnaie. Daher ist es ratsam, auf diese Art winterlichen Vergnügens zu verzichten

Egal ob Velo im Sommer oder Kinderschlitten im Winter – der Hund braucht immer ein maßgeschneidertes Zuggeschirr. *Foto: Axel Wandel*

und sich nach anderen Möglichkeiten umzusehen.

Etwas anderes ist es dann schon, wenn bei der Familienwanderung für alle Fälle der Rodelschlitten mitgenommen wird und – je nach Kondition des Hundes – der warm eingekleidete Sohnemann oder Proviant und Ausrüstungsgegenstände vom Hund gezogen werden sollen. Unverantwortlich wäre es jedoch, hierbei den ohnehin viel zu kurzen Strick des Schlittens einfach in das Halsband zu klinken. Diese Zugstricke sind auf den Schritt eines Menschen berechnet, nicht aber auf die durchschnittliche Länge eines Hundes von etwa einem Meter und mehr. Außerdem wäre es für unseren Hund eine Zumutung, nur mit dem Hals ziehen zu müssen. Vor dem Schlitten muss ein Hund immer mit einem speziellen Zuggeschirr (Harness) ausgerüstet werden, das die Last gleichmäßig über seinen gesamten Rücken verteilt und in gebührender Entfernung vor dem Schlitten in Höhe des Schwanzansatzes in einer Schlaufe mit einem Karabiner eingehängt wird. Ein Brustgeschirr reicht dazu nicht aus. Auch die Länge dieses aus dem Schlittenhundesport bekannten Zuggeschirrs muss deshalb genau auf den individuellen Körperbau abgestimmt sein. Es darf nie unter den Vorderläufen scheuern und darf nicht zu lang sein, weil unser Hund für eine optimale Tätigkeit wie im Wasser, so auch beim Ziehen mit seiner Rute balancieren und steuern können muss. Scheuerstellen verursachen Unwohlsein, und die Verknüpfung mit der bei dieser winterlichen Betätigung hervorgerufenen Plage ruft nicht gerade die Freude aufs nächste Mal hervor.

Guter Rat:

- *Es gibt empfehlenswertere Aktivitätsmöglichkeiten*

Das Tragen von Booties, von schützenden Schuhen an den Pfoten, übt man am besten erst mal im Wohnzimmer. Foto: Axel Wandel

Rast und Einkehr

Wie der Mensch, so hat auch unser Hund nach etwa einer Stunde Wanderzeit das Bedürfnis, in Form von Flüssigkeitskonsum und ausgestrecktem Ruhen ein wenig aufzutanken. Also werden die Packtaschen abgenommen, Wasser verabreicht und die Pfoten kontrolliert. Gerade bei Bergwanderungen können schnell mal Risse an den Ballen entstehen, weshalb zumindest ein spezielles Pfotenfett oder Acrylschutz und Booties ebenfalls mitgenommen werden, wenn auch vor Antritt des Marsches zu Hause bereits die Pfoten akribisch kontrolliert und evtuell die Krallen und die Haare zwischen den Pfotenballen beschnitten wurden. Begleitet uns der Hund bereits in Booties, werden auch diese beim Marschhalt deshalb abgenommen, weil unser Hund bekanntlich nur über die Vergrößerung seiner Zunge und seiner Pfoten schwitzen kann.

Booties sind spezielle Hundeschuhe aus atmungsaktiven Materialien in unterschiedlichen Längen für Vorder- und Hinterläufe. Bekannt wurden sie durch den Schlittenhundesport. Gering pigmentierte oder wenig trainierte Hundepfoten sind empfindlich, weshalb derartige Booties ein guter Schutz der Pfoten bei verharschtem Schnee sind. Aber an diese „Schuhe" muss jeder Hund auch erst einmal gewöhnt werden. Beim erstmaligen Überstreifen des ersten Booties steht unser Hund fassungslos stocksteif auf drei Beinen, beim zweiten balanciert er und bleibt beim dritten und vierten wie angewurzelt stehen oder versucht schon zu Beginn, diesen lästigen „Verband" wegzubeißen. Nur die behutsame Überzeugungsarbeit des Menschen ist nunmehr in der Lage, dem Hund zu suggerieren, dass trotzdem marschiert oder gerannt werden kann. Was liegt also näher, als vor der ersten Wanderung daheim schon mal einen Trockenversuch mit einem oder zwei Booties zu machen?

Jede Rast wird zu einem kritischen Blick auf die Hundepfoten genutzt und schnell etwas schützende Pfotensalbe aufgetragen.
Foto: Ulrike Schanz

In Höhenlagen ist die Wintersonne nicht zu unterschätzen. Sie ist immerhin so intensiv, dass auch Hunde einen Hitzschlag bekommen können. Hunde mit dunklem und langem Fell sind einer solchen Gefahr eher ausgesetzt als hellfellige Rassen. Droht der Hund zu kollabieren, hilft nur eins: Auf die rechte Seite legen, von hinten beginnend mit Wasser übergießen und in alle greifbaren Jacken, Mäntel und Decken einpacken sowie Puls fühlen. Sofern greifbar, unter den Achseln und am Bauch mit möglichst hochprozentigem Alkohol wie beispielsweise Kampferspiritus oder Radolin aus dem Pferdesport einreiben, auch Whisky oder Rum kann verwendet werden. Ist die Körpertemperatur unseres Hundes über 41° C angestiegen, hilft nur noch ein notfallmäßiger Transport zum Tierarzt im während der Fahrt gekühlten Auto. Schlimmstenfalls Zunge seitlich herausziehen, Schnauze zuhalten, eventuell dünnes Taschentuch zwischen Hundeschnauze und den eigenen Mund legen und mit Mund-zu-Mund-Beatmung durch die Hundenase beginnen. Dabei ist darauf zu achten, dass nur zehn bis 15 Atemzüge pro Minute angewandt werden, weil sonst die Gefahr eines Lungenrisses heraufbeschworen wird. Und: Nicht vor Ablauf von zwanzig Minuten etwa aufgeben!

Wird bei der Rast in einer Berghütte eingekehrt und unser Hund wegen der dort herrschenden zu hohen Temperatur oder auch aus anderen Gründen draußen angebunden, sind Stoffleinen schnell mal durchgebissen. Um diesem unwiderstehlichen Freiheitsdrang vorzubeugen, ist eine etwa meterlange, dünne Kette, versehen mit einem großen Ring oder Feuerwehrkarabiner am Ende selbstverständlich im Gepäck dabei.

Unterwegs legt ein Hund gerne dort eine Minirast ein, wo es ihm gefällt. Da kommt ihm ein kleiner Bachlauf gerade recht. Schnell springt er ins kühle Nass oder kniet am Ufer ab, um endlich Wasser zu schlabbern. Beim Sprung ins kühlende Nass wird der menschliche Proviant in den Packtaschen gleich mitgewässert, wenn er nicht wasserdicht versorgt wurde, beim Abknien bleiben die Packtaschen dann am Ufer stehen, wenn der Stripteasekünstler rückwärts aufsteht und sich diesem „Joch“ entzieht, was mit einem zusätzlichen Bauchgurt bei den Pack Bags weitgehend vermieden werden kann.

GUTER RAT:

- *Belohnungsbrocken und kleinere Ausrüstungsgegenstände tragen lassen*

LANGLAUF MIT HUND

Dem Trend der Zeit folgend, wurden vielerorts außer den herkömmlichen Langlaufloipen spezielle, oft sogar beleuchtete Skatingpisten eingerichtet, und es gibt auch immer mehr Hundeloipen. Leider sind diese aber noch sehr dünn gesät und meist viel zu kurz, so dass bei dem Wunsch nach intensivem gemeinsamem Wintersport nur ein „Ausweichen“ zu den offiziellen Loipen bleibt. Dann muss aber im Vorfeld abgeklärt werden, ob Hunde generell dort verboten oder unter gewissen Auflagen geduldet sind. Einiges dazu

Auf dem Land kein Problem, in Wintersportzentren leider oft immer noch verboten: Hundebegleitung beim Langlauf. *Foto: Ulrike Schanz*

kann im Loipenhaus und den dort ausliegenden Prospekten in Erfahrung gebracht werden oder vorab durch eine Anfrage bei dem für den Loipenunterhalt Zuständigen. Eine gängige Argumentation für das Hundeverbot ist die angeblich zerstörerische Wirkung von Hundepfoten auf die Piste. Einerseits setzt sich aber jeder Langlaufski spielend über etwaige Spurtlöcher unseres Hundes hinweg und andererseits können Hundepfoten einer frühzeitig und immer wieder nachpräparierten, verdichteten Piste weniger anhaben als menschliche Stürze, Fußstapfen von Wanderern darauf oder zum Bremsen gebrauchte Skistöcke. Eine von den Verantwortlichen meist gut aufgenommene Anregung stellt der Vorschlag dar, mit unserem Hund erst dann die Loipe zu betreten, wenn sich die meisten Langläufer schon wegen der schwindenden Sonne verzogen haben und der Pistenbully noch nicht in Aktion getreten ist. Wer sich ein solches Privileg erhalten will, gibt dann schon mal einen aus.

Wenn dann außerdem noch auf denjenigen Loipen mit strikt vorgeschriebener Laufrichtung zu erreichen ist, zu dieser vorgeschrittenen Stunde gegen die Richtung trainieren zu dürfen, dann sind weitere wichtige Probleme gelöst, die meist das Überholen anderer Langläufer mit sich bringt. Instinktiv hat unser Hund vor der lässig um die Hüfte gebundenen, wehenden Jacke oder den Skistöcken Angst, die er jetzt überholen soll, weil wir mit unserem Hund ja schneller sind. Entweder weicht er aus oder legt gar ab. Obendrein gibt es Probleme, den vorne befindlichen Langläufer irgendwie auf unser unerwartetes Kommen aufmerksam zu machen, denn er wie jeder andere Mensch hört nach hinten schlechter und hat auch noch eine Strickmütze oder Ohrenschützer auf. Im Gegenverkehr aber lässt sich viel leichter kommunizieren und viel früher Kontakt aufnehmen. Und außerdem sind auch auf Loipen Menschen anzutreffen, die einen gehörigen Respekt vor jedem Hund haben und schon gar nicht damit rechnen, einem aktiven Hund gerade hier zu begegnen und von ihm überholt zu werden.

Guter Rat:

- *Exakte Abklärung und Timing*
- *Auf Begegnungen mit Wild auch außerhalb der Standzeiten gefasst sein*

Schneeschuhwandern

Wer nicht Skifahrer ist, aber zusammen mit seinem Hund den Schnee abseits geräumter Wege in seiner vollen Pracht erleben möchte, kann das mit Schneeschuhen erreichen. Inzwischen werden auch schon komplette Wanderwochen angeboten. Im Gebirge sollten derartige Wanderungen aber nie ohne einen ausgebildeten, versierten Bergführer unternommen werden, denn Schnee und das schnell umschlagende hochalpine Wetter haben so ihre Tücken. Deshalb können solche Wandertouren nicht fahrplanmäßig ablaufen und müssen auch schon mal abgesagt werden. Nur der Bergführer weiß die Warnsignale der Natur zu deuten. Da gibt es beispielsweise anhaltende Winde – manchmal aus ungewöhnlichen Richtungen kommend – die tonnenweise Schnee an andere als die bekannten Hänge verfrachten und eine fast nicht kalkulierbare Lawinengefahr heraufbeschwören. Zugleich weiß er auch, wo sich gefährlicher Schmelzharst befindet, eine spezielle und gefährliche Art der Schwachschicht unter dem Neuschnee, die dort entsteht, wo tagsüber Sonneneinstrahlung und nachts Frost herrscht. Solche Wandertouren beginnen in freiem Gelände und führen über die Baumgrenze in Höhen von bis zu 3000 Metern, so dass nur eine genaue Kenntnis der Schneeverhältnisse einschließlich der aktuellsten Lawinenwarnungen vor einem Unheil bewahren können. Schon bei den anscheinend harmlosen Schneeschuhwanderungen, erst recht bei dem weiter unten beschriebenen Erlebnis des Mountaineering, darf nie vergessen werden, dass trotz aller wissenschaftlicher Erkenntnisse in der Lawinenforschung die Natur immer das letzte Wort behält. Die Tragödie von Galtür im Februar 1999 hat das mit trauriger Bilanz einmal mehr bewiesen.

Ebenso wie die Entwicklung vom handgeschnitzten reinen Holzski zum High-Tech-Ski unserer Zeit erfolgte, blieb auch bei Schneeschuhen die Zeit nicht stehen. Zwar blieb es in einer Übergangsphase noch beim Holzrahmen, der aber zur Lauferleichterung vorne bereits etwas aufgebogen war und hinten zur erwünschten Oberflächenvergrößerung nicht mehr spitz, sondern rund endete, dem so genannten Bear Paw. Wenn auch Nostalgiker heute noch auf diese natürlichen Schneeschuhe pochen und sie hin und wieder verwenden, so möchten doch selbst sie nicht auf die bessere Effizienz

Moderne Schneeschuhe, wie hier der Bear Paw, nach altem Vorbild mit großer Auflagefläche erfordern eine eigene Schritt-Technik. Foto: Axel Wandel

Wesentlich kleiner sind diese modernen Aluminium-Schneeschuhe mit Harscheisen unter der Lauffläche. *Foto: Axel Wandel*

der Aluminiumrahmen (Sherpa Snow Claw Schneeschuh) verzichten, die mit strapazierfähigen Kunststoffbändern und einer Kippbindung versehen und für unterschiedliche Körpergewichte ausgelegt erhältlich sind. Dabei ist die Bespannung mittig im Rahmen eingebracht, so dass der gesamte Rahmen wie Schlittenkufen funktioniert und das Maß der vorderen Aufbiegung das Laufen erleichtert oder erschwert. Je höher die Aufbiegung ist, umso leichter fällt auch das Laufen, das damit der natürlichen Abrollbewegung des menschlichen Fußes weitestgehend entspricht.

Gleichzeitig wurden durch den kufenartigen Aluminiumrahmen diese Sportschneeschuhe aber auch schneller – vorwärts wie rückwärts. Findige Alpinisten kamen daher schon recht früh auf die Idee, die ähnlich wie beim Langlaufski angelegte und von daher lauferleichternde Kippbindung unterhalb mit einem Harscheisen (Schneeklauen) zu versehen. Durch die Kippbindung wird der Fuß nicht mehr als nötig angehoben, das Harscheisen verhindert das Rückwärtsrutschen und erleichtert den Aufstieg in verharschtem Schnee. Mit etwas Rückenlage lässt es sich dennoch trotz dieser Harscheisen auf einem Steilhang hinuntergleiten. Die Wander- oder Bergschuhe werden mit verstellbaren Riemen an den Ösen in diese Bindung eingehängt, was auch mit dick behandschuhten Fingern keine Schwierigkeiten bereitet. Vor nassen Füßen schützen schließlich noch wadenhohe Gamaschen mit Klettverschluss, während sich alle anderen Utensilien – einschließlich Hundefutter und Faltnapf – im Rucksack befinden. Falls nicht von Anbeginn der Tour verwendet, befindet sich darin auch ein Kletter-, Hüft- oder Bauchgurt (Jogginggurt) mit entsprechender Anbindeleine wie beim Skijöring für eventuelle heikle Abstiegspassagen, um jederzeit Verbindung zu unserem Hund halten zu können. Bauchgurte haben sich deshalb als wenig probat erwiesen, weil sie bei Stürzen bis unter die Achseln oder gar darüber hinaus verrutschen. Beim Hüftgurt ist eine möglichst breite Rückenstütze wichtig, weil dadurch der Zug unseres Hundes auf das Becken und nicht die Wirbelsäule geleitet wird. Ungeschlagen und jeder Situation gewachsen sind die bei Hochalpintouren auch ohne unseren Hund verwendeten Klettergurte, die heutzutage bereits vermehrt beim Skijöring und den Pulkarennen zu sehen sind.

Wohl jeder der ortsansässigen Bergführer würde spätestens dann recht große Augen machen, wenn er quasi mit einem Hund überfallen wird, der unangekündigt mit auf die Tour gehen soll. Auch hier ist rechtzeitige Abklärung vonnöten, wird aber von jedem Bergführer dann akzeptiert, wenn unser Hund gut erzogen ist. Darüber hinaus bedarf es selbstverständlich entsprechender Konditionierung durch ein möglichst intensives Ganzjahrestraining in vielen im Kapitel Sport im Sommer dargestellten Sparten.

Und die Ausrüstung unseres Hundes? Sein Halsband und Zuggeschirr, viel mehr eigentlich nicht. Leine, Booties und ein spezielles Pfotenfett – ersatzweise Melkfett oder Hirschtalg, nicht aber menschliche Handcrème und Handtuch zum Zerquetschen der Schneeklumpen bei Langhaarrassen zwischen den Ballen und an den Beinhaaren (und vor einer eventuellen Einkehr) befinden sich im Rucksack. Zu Hause schon können langhaarige Rassen durch Beschneiden der Haare an Ballen und Läufen ein wenig vorbereitet werden, am Bauch bilden sich dennoch hin und wieder lästige Schneeklumpen.

Warum Booties und Pfotenfett? Bei unserem winteraktiven Hund können sich – am ehesten auf kaltem Neuschnee – die scharfkantigen Schneekristalle zwischen den Ballen zu kleinen Klumpen formen und scheuern. Als Folge hiervon führen sie zu geröteten Balleninnenseiten bis hin zu den gefürchteten Fishers, Hautrissen, die parallel zu den Fußsehnen verlaufen. Unserem Hund ist die Winterfreude verdorben, weil sie sich für ihn mit einem Schmerzempfinden verbindet. Die erwähnten speziellen Fette verhindern für lange Zeit die Klumpenbildung und haben neben der Zinksalbe bei der Nachbehandlung gute Heilwirkung. Reichen diese Fette jedoch nicht aus, werden unserem Hund Booties angelegt, Hundesocken für Vorder- und Hinterläufe in unterschiedlicher Länge mit Klettverschluss aus elastischem, atmungsaktivem und möglichst wenig Feuchtigkeit aufsaugendem Gewebe, die so groß bemessen sein müssen, dass unser Hund darin seine Pfoten ohne weiteres spreizen kann. Das ist aus zwei Gründen wichtig: Einmal vergrößert unser Hund durch diese Spreizung seine Schubkraft und zum anderen wird ihm das Schwitzen nicht eingeschränkt, da er bekanntlich im Gegensatz zum Menschen nur über Pfoten und Zunge schwitzen kann. Akribische Pfotenkontrolle und -pflege, eventuell zusammen mit einem oder mehreren Booties, führen selbst während eines mehrtägigen Einsatzes unseres Hundes zu einem schnellen Heilerfolg. Wie im Kapitel „Rast" beschrieben, sollten dem Hund lange vor dem ersten möglichen Ernstfall solche Booties „schmackhaft" gemacht werden.

Bei längeren Wanderungen ist ein kleiner Gaskocher zum Abkochen von Schnee praktisch, um unseren Hund zwischendurch einmal zu tränken, denn nicht überall findet sich ein kleiner Gebirgsbach. Der „Vierpfotenantrieb" unseres Hundes ermöglicht es ihm, im Gegensatz zum Menschen, fast immer oben auf dem Schnee zu laufen. Dennoch wird er hier und da einbrechen und muss hart arbeiten, um wieder auf tragfähige Schneeschichten zu gelangen.

Ganz besonders große Freude kommt für unseren Hund dann auf, wenn er nicht alleine uns hinterher arbeiten muss, sondern zwischenzeitlich auch mal den Begleithund eines weiteren Teilnehmers an dieser Wanderung nach Herzenslust jagen kann.

GUTER RAT:

- *Exakte Abklärung mit Bergführer und Hotel (Berghütte)*
- *Durchdachte Vorbereitung daheim*
- *Schneebrille, Handschuhe gegen Verlust mit Kordel unter der Jacke verbinden*

SKIJÖRING UND PULKA

Gemeinsam ist diesen beiden Wintersportarten, dass der Hund ein gut sitzendes, dem individuellen Körperbau angepasstes Zuggeschirr (Harness) trägt und durch eine gefederte Leine mit dem Hüftgurt des Menschen verbunden ist, der ihn auf Langlaufski begleitet. Aber gemäß Reglement darf der Hund dabei nie, auch nicht in schnellen Abwärtspassagen, überholt werden.

Skijöring ist die jüngste der Wintersportarten mit Hund, zugleich mit großer Zukunft. Sie ist kein Spaziergang mehr, sondern ein anspruchsvoller Powerlauf mit Hund. Der unserem Hund nachfolgende Mensch muss ein vorzüglicher Skater sein, der dessen vorgelegte Geschwindigkeit annehmen und mithalten kann. Unser Hund soll ihn nicht ziehen, sondern außer der vielleicht nervlichen Belastung absolut frei rennen können. Gerade als Breitensport für jede Hunderasse wird Skijöring in den USA zunehmend beliebter, aber auch hier-

Der Hund trägt beim gemeinsamen sportlichen Skifahren ein Zuggeschirr und sein Mensch entweder einen Hüftgurt ...

... oder solch einen Bergsteiger.

Fotos: Axel Wandel

zulande. Inzwischen wird bei fast allen größeren Schlittenhunderennen Skijöring als eigenständige Kategorie ausgeschrieben. Obendrein gibt es mittlerweile spezielle Wettbewerbe nur für Skijöring ohne Ansehen der Hunderasse. Das erste so genannte Offene Rennen dieser Art fand am ersten Januarwochenende 2000 in Annaberg bei Wien statt. Die erste. Weltmeisterschaft wird 2001 in Fairbanks (Alaska) ausgetragen.

Skijöring ist nur etwas für gute Langläufer, denn hier gibt der Hund das Tempo vor.
Foto: Arnold Zürcher

Noch herrscht ein klein wenig Uneinigkeit über die Art des verwendeten Zuggeschirrs. Gemäß Rennreglement muss unser Hund ein Harness tragen, aus dem er sich nicht durch ein Sichdrehen oder sonstwie befreien kann. Es gibt Hunde, die sind wahre Stripteasekünstler und verstehen, sich gewollt oder ungewollt in gewissen Situationen des Zuggeschirrs blitzartig zu entledigen. Daher interpretieren manche Rennleiter das so, dass dieses Harness mit einem zusätzlichen Bauchgurt versehen sein müsse, wobei allerdings offen bleibt, ob an diesem ein Klettverschluss genügt oder nur eine Schnalle das Gebot der Stunde ist. Zur Umgehung des Risikos einer möglichen Disqualifikation wird derzeit ein Bauchgurt mit Feststellschnalle empfohlen.

Der Pulkasport hingegen hat eine weitaus längere Tradition. Dabei trägt der Hund allerdings ein anderes Zuggeschirr als beim Skijöring, denn er ist auch seitlich an den Pulkastangen aus Leichtmetall einhängt und zieht zusätzlich einen Pulkaschlitten, der je nach Geschlecht und Anzahl der eingespannten Hunde mit Zusatzgewicht versehen und vor dem Start ebenso nachgewogen wird wie direkt nach dem Zieleinlauf. Obwohl zunächst außerhalb Skandinaviens noch recht wenig verbreitet, wo schon seit Anfang der Dreißigerjahre Pulkarennen beliebt waren, wurde es im mitteleuropäischen Renngeschehen anfangs als Skaninavierklasse bezeichnet. Gewöhnungsbedürftig ist für unseren Hund anfangs das Laufen zwischen den beiden durch einen Bogen über seinem Nacken verbundenen Stangen, denen er vielleicht auszuweichen versucht. Jeder mittelgroße und gesunde Hund kann die Pulka ziehen, die ebenso wie die eigenen Langlaufski gewachst und mit einer Zuladung von 20 Kilogramm pro eingespanntem Rüden und 15 Kilogramm pro Hündin versehen wird. Nicht nur, weil bis zu vier Hunde eingespannt werden dürfen, sondern auch wegen der Benachteiligung kleinerer Hunde gegenüber den großrahmigen Vorstehern und ähnlichen Rassen mit einem Stockmaß von oft bis zu 80 Zentimetern ist die internationale Diskussion um diese Zuladungsgewichte immer noch nicht verebbt und variiert demzufolge von Jahr zu Jahr.

In diesem Wettkampfsport haben seit Aufhebung der Quarantänebestimmungen eindeutig die Norweger mit ihren Vorstehhunden und Pointern das Sagen, die erstmals 1985 in Bruneck-Reischach (Südtirol) die Mitteleuropäer derart das Fürchten lehrten, dass es lange Zeit hieß: im Jahre eins nach Bruneck. Obwohl heute auch hierzulande solche Hunde im Wintersport verwendet werden, sind Norweger und Finnen meist doch noch die besseren Skiläufer und unter den Startern nach wie vor gefürchtet.

Gefahren wird in zwei Kategorien, oft auch vier, wenn nach Damen und Herren getrennt gewertet wird: Pulka short mit nur einem Hund über zehn–15 Kilometer und Pulka long über 15–25 Kilometer mit bis vier Hunden. Ab drei Hunden muss die Pulka mit einer Bremse ausgerüstet sein. Allein schon wegen der nach den ESDRA-Regeln pro Hund mitzuführenden Gewichte wird in Pulka long meist ein kleiner

Hier laufen zwei Pulka-Weltmeister: Iris Zürcher mit Jagdhund Sliga. *Foto: Arnold Zürcher*

Rennschlitten verwendet, der es ferner ermöglicht, einen verletzten oder nicht mehr motivierten Hund darauf aufzuladen und mit ins Ziel zu bringen. Dies ist besonders deshalb wichtig, weil nach dem Rennreglement mit allen Hunden die Ziellinie passiert werden muss, mit denen gestartet wurde, ansonsten eine Disqualifikation erfolgt. Dies Schicksal ereilte 1983 beim Rennen in Andermatt Walter Notter, Trainer der Schweizerarmee, der mit vier Huskies allen auf und davon fuhr, aber einen Hund unterwegs nicht aufladen konnte. Das Reglement lernte daraus.

Seinerzeit war Pulkasport nur vorstellbar für Schlittenhunde, dann griffen die Norweger ins Geschehen ein und animierten damit zugleich diejenigen Winterenthusiasten, die mit ihrem Mixed Breeded doch auch irgendwie teilnehmen wollten. Das führte schlussendlich dazu, dass erstmals in Schwangau, der Hochburg für Langlauf und Skating, vom 18. bis 23. Januar 2000 das erste für alle Rassen offene Rennen mit Trainingslager nur in Pulka ausgetragen wurde.

GUTER RAT:

- *Anmelden und mitmachen beim Trainingslager*
- *Kenntnisse über Trailverlauf verschaffen (wo Schattenpartien, wo Sonneneinstrahlung auch bei bedecktem Himmel)*
- *Gezielt darauf wachsen, zuvor Schneetemperatur messen*

Agility On Ice

Für denjenigen, der sich mit weniger als den beim Skijöring und Pulkasport geforderten Kilometern begnügen will, gibt es außerdem Agility auf Schnee – nicht nur in Oberammergau, sondern auch hier und da in der fünf Länder übergreifenden Alpenregion – und auch schon mal Military unter winterlichen Bedingungen. Als Pilotversuch führte St. Moritz 1997 Agility On Ice ein, und zwar für ganz „normale" Hundemenschen. Inzwischen hat diese Idee derart eingeschlagen, dass im Januar jeweils zwei volle Ausbildungswochen mit anschließenden Wettkämpfen stattfinden. Die zumeist trockene Kälte in dieser Hochregion ist für unseren Hund und seinen Menschen kaum spürbar, die Sonnenuntergänge ohnehin ein Traumerlebnis. Wenn das Wetter dennoch mal nicht so richtig mitspielen will, stellt der sehr rührige dortige Kurdirektor die Tennishalle zum Training zu Verfügung. St. Moritz kann sich heute jedermann/frau leisten, es gibt genügend Möglichkeiten, kostengünstig Unterkunft zu finden und den Champagnerlaunen der anderen zu entfliehen. Um den mehr als zweihundert Meter tiefer liegenden Ort zu erreichen, muss der gut gewartete Julierpass (in Romantsch, der dort gepflegten vierten Schweizer Landessprache: Pass dal Güglia) auf 2284 Meter mit elfprozentigen Steigungen passiert werden. Von daher nicht gerade für Caravans empfohlen, aber auch nicht gesperrt. Wen das winterliche Passfahren schreckt, der kann ab Thusis sein Auto verladen und per Bahn in den Ort bringen lassen. Das erspart ihm außerdem die ständige Beobachtung der Kühlwassertemperatur und das frühere Herunterschalten, denn in dieser Höhe kocht Wasser nun mal schneller und das Auto leidet unter Atemnot für die Vergaser, zieht also schlechter.

GUTER RAT:

- *Hinfahren und gemeinsam erleben*
- *Bremsenkontrolle am Auto vor dem Start*
- *Auf „Kochen" gefasst sein, anhalten, warten, Kühlwasser nachfüllen*

Auf Kurzstrecken setzen sich im Leistungssport immer mehr laufstarke Mischlinge durch. Hier ist ein Gespann mit fünf reinrassigen Siberian Huskies unterwegs. *Foto: Axel Wandel*

Schlittenhunderennen

Während Skijöring, Pulka, Agility On Ice, auch Schneeschuhwandern noch gleichsam als Einzelkämpferdisziplinen bezeichnet werden könnten, so beginnt der richtig große Wintersport erst mit vier oder mehr Hunden vor dem Rennschlitten. In frühen Jahren traf man dort nur Siberian Huskies, Alaskan Malamutes, Grönlandhunde oder die Hunde mit dem lachenden Gesicht, die Samoyeden an. Heute darf mit Ausnahme ganz weniger Rennen alles eingespannt werden, was vier Pfoten hat und rennen will. Breitere Ausführungen zu allen Details dieser Sportart würden jedoch den Rahmen dieses Buches überschreiten. Außerdem gibt es genügend weiterführende Literatur, die sich ausschließlich mit dem Thema Schlittenhund befasst. Unter dem Aspekt, dass es für den Einzelhundbesitzer zunächst eine Art Zukunftsmusik bleibt, gleichzeitig mit vier oder mehr Hunden durch die Winterlandschaft zu jagen, muss an dieser Stelle eine Kurzcharakteristik genügen. Mindestens aber sollte der Besuch eines Schlittenhunderennens als Zuschauer auf dem Winterfahrplan stehen. Ferner bieten alljährlich im Dezember durchgeführte Ausbildungs- und Trainingslager auch einem Neueinsteiger hervorragende Möglichkeiten, diesen Sport näher kennen zu lernen und am Schluss der Woche vielleicht einmal selbst auf dem Schlitten zu stehen. Eine sehr gute Vorabinformation zum gesamten Schlittenhundesport findet sich im Internet http://www.sbo.de/bernau.

Anfang der Sechzigerjahre hielt der Schlittenhundesport Einzug in Europa, zunächst in der Schweiz, und etablierte sich bald darauf auch in Deutschland, Österreich und Frankreich. Auch die Niederlande brachten schon früh größere Gespanne hervor. In der Schweiz begann diese Ära 1955/56 mit den ersten Importen aus Alaska und der Gründung des SKNH am 12. März 1959 in Genf. Im Jahre 1965 wurde das erste Schlittenhundelager, ein informelles Treffen, durchgeführt und 1966 die vier Schlittenhunderassen von der FCI anerkannt. So organisierte der SKNH 1970 die ersten Rennen über zwei Tage in diversen Kategorien, wobei sich noch 1971 in Koblenz (Aargau) unter anderem nur sechs, damals als große Gespanne bezeichnete Teilnehmer mit bis zu sechs Hunden vor dem Schlitten trafen. Die ersten Gehversuche mit Internationalen Schlittenhunderennen in Deutschland unternahmen 1974 Bernau und 1975 Todtmoos. Heute gehört die Sechshundeklasse (Kategorie B) längst in den zweituntersten Gespanngrößenbereich. Im Jahre 1983 erfolgte durch die ESDRA eine Vereinheitlichung der Rennregeln und die Koordination von Anlässen und Titeln.

Schließlich wurde die erste Weltmeisterschaft unter der Obhut der IFFS 1990 in Sils ausgetragen. Die längste Zeit durfte nur mit reinrassigen Schlittenhunden gestartet werden, lediglich der 1973 gegründete TCE öffnete bereits 1985 die Rennen für alle Rassen. Erst Ende der Achtzigerjahre folgten andere europäische Clubs offiziell diesem Trend, weil man erkannt hatte, dass dem insbesondere von

Österreich geförderten Stammbaumbetrug nicht mehr beizukommen war. Inzwischen darf – außer bei den von Rasseclubs veranstalteten Rennen – alles eingespannt werden, was vorwärts rennt. So sind heute neben den charakteristischen kleinen Stehohren und dem dicken Fell der reinrassigen Schlittenhunde kleinwüchsigere, glattfellige, aber oft schnellere Alaskan Huskies mit Schlappohren besonders in den größeren Kategorien anzutreffen oder Vorstehhunde und Pointer beim Skijöring und der Pulkaklasse.

In ganz Europa wird inzwischen einheitlich in den Kategien C (zwei bis vier Hunde, 8 Kilometer), B (vier bis sechs Hunde, 12 Kilometer), A (sechs bis acht Hunde, 16 Kilometer) und O (acht und mehr Hunde, 24 Kilometer) gestartet, wobei die vorgenannten Kilometerangaben je nach den geländemäßigen Bedingungen am jeweiligen Rennort durchaus variieren. Manchmal erfolgen auch witterungsbedingte Streckenverkürzungen, die jedoch gemäß Rennregel 7.16.4 maximal 25 Prozent betragen dürfen, damit der Lauf noch gewertet werden kann. Eine außerreglementarische Ausnahme kann die Rennleitung in Abstimmung mit den Mushern bei akuter Lawinengefahr wie in Gadmen am zu dieser Jahreszeit gesperrten Sustenpass machen, so dass alle Gespanngrößen nur über den sechs bis acht Kilometer langen Trail (Rennstrecke) fahren dürfen. Immerhin waren sie ja alle für dieses Wochenende mit ihren tatendurstigen Hunden oft von weit her angereist. Schlittenhunderennen haben rein gar nichts mit der oft beschriebenen Jack-London-Romantik zu tun, sondern sind die Hohe Schule des Wintersports mit Hund. Das Hineinschnuppern beginnt zwar mit einem Hund in den Kategorien Skijöring und Pulka, aber erfahrungsgemäß bleibt es nicht lange dabei. Wen es früher oder später so richtig packt, der beginnt sein Hundeteam auszubauen und startet bald schon mal mit vier Hunden. Vier Hunde vor dem Schlitten, das bedeutet, vier absolute Individualisten über mehrere Kilometer am gleichen Strang ziehen zu lassen, also ein harmonisches Team zu formen. Es ist einleuchtend, dass dies nur in sehr langer Vorarbeit zu bewerkstelligen ist und tunlichst unter Anleitung eines alten Hasen erfolgen sollte. So haben auch all diejenigen einmal angefangen, die heute in der Offenen Klasse, der so genannten Königskategorie, manchmal mehr als 14 Hunde einspannen und souverän, nur mit der eigenen Stimme als Hilfsmittel, über kilometerlange Trails mit einer Durchschnittsgeschwindigkeit bis zu 30 Stundenkilometer ins Ziel führen.

Je früher der Einstieg in diesen wie jeden anderen Hochleistungssport ermöglicht wird, desto eher wird die Begeisterung an der perfekten Zusammenarbeit mit Hunden geweckt. Gefördert wird dies an denjenigen Rennorten, bei denen das Teilnehmerfeld weit unterhalb von hundert Startern liegt. Das hat seinen einfachen Grund darin, dass in der Wintersaison die Tage recht kurz sind, ein riesiges Teilnehmerfeld jedoch vor Einbruch der Dunkelheit ins Ziel gebracht werden muss. Lässt es die Zeit zu, gibt es im Anschluss

Der Traum vieler Musher (und Zuschauer) ist ein Gespann in der Offenen Klasse, also acht Hunde und mehr vor dem Schlitten. Hier eine Gespannlänge von rund 19 Metern bei 12 Hunden vor dem Schlitten *Foto: Axel Wandel*

an das offizielle Renngeschehen Kinderrennen in zwei Kategorien: K 1 für Kinder bis acht Jahre, die mit einem Hund starten, und K 2 für Kinder bis 14 Jahren, die mit zwei Hunden starten.

Die Strecke geht jeweils über ein bis zwei Kilometer. An den Start gehen oft die Kinder von Mushern (Schlittenhundeführern) oder deren Freunde. Neben den fest gemeldeten Teilnehmern haben aber auch junge Zuschauer eine Chance. Und da eigentlich alle Musher recht zugängliche Menschen sind, kann selbst der laienhafte, aber interessierte Zuschauer gegen ein paar nette Worte einen Schlitten mit Hund(en) zu Verfügung gestellt bekommen. Allerdings muss das so rechtzeitig vor dem Start der Kinderrennen geschehen, dass noch eine ordentliche Meldung bei der Rennleitung erfolgen kann. Erstmals wurde dies zugleich erfolgreich und richtungweisend 1987 in Ste. Croix im Schweizer Jura inszeniert. Zwar werden die ausführlichsten Rennkalender in den einschlägigen Printmedien für den Schlittenhundesport veröffentlicht, aber in so gut wie jeder anderen Hundezeitschrift werden wichtige Termine ebenfalls wiedergegeben, so dass ein Anruf beim Verkehrsverein nähere Informationen zu solchen Kinderrennen liefern wird.

Welch schier unerschöpfliche Ausdauer Schlittenhunde besitzen, zeigt die Tatsache, dass durchschnittliche Tagesleistungen zwischen 80 und 140 Kilometer für einen durchtrainierten Hund dieser Spezies überhaupt gar kein Problem darstellen. Selbst die auf Sprintrennen trainierten Spitzenteams in Europa absolvieren vor dem ersten Schneerennen ab Herbst ohne weiteres tausend und mehr Trainingskilometer und nutzen oft die ersten Schneerennen noch als erstes Training auf Schnee. Wen die Sprintdistanzen nicht befriedigen, dem werden an manchen Rennorten Middle Distance und Long Distance mit Biwak angeboten. Noch höhere Anforderungen stellt das seit 1988 durchgeführte Alpirod über bis zu 800 Kilometer oder die jüngere Trans Thuringia.

Zu welchen Extremleistungen Schlittenhunde fähig sind, zeigte einmal mehr das Iditarod 2000, ein Langstreckenrennen über gut 1.800 km von Anchorage bis Nome in Alaska an der Bering Straße zu Russland (ca. 165° westl. Länge, 65° nördl. Breite). Doug Swingley, der dieses Rennen schon 1995 und 1999 gewonnen hatte, erreichte mit seinen elf Hunden Nome in neun Tagen, null Stunden, 58 Minuten und sechs Sekunden vor Paul Gebhardt mit dem kleinen Vorsprung von etwas mehr als fünf Stunden. Dies entspricht einer durchschnittlichen Tagesleistung von 200 Kilometern – ungeachtet dessen, dass ein Gebirgskamm von 2.000 Metern auch zu meistern ist. Damit reihte sich Doug Swingley in die Liste derjenigen ein, die dieses harte Rennen zum dritten Mal gewinnen konnten. Der vor Jahren aus der Schweiz ausgewanderte Martin Buser gewann 1992, 1994 und 1997, Jeff King 1993, 1996 und 1998, ungeschlagen jedoch die viermalige Siegerin Susan Butcher von 1986, 1987, 1988 und 1990 in damals elf Tagen, einer Stunde, 53 Minuten und 23 Sekunden. Wie eng selbst bei dieser Kilometerleistung die Zeiten der Spitzenteams beieinander liegen, zeigt die Tatsache, dass die ersten sechs der 81 Teilnehmer im Jahre 2000 innerhalb von zwölf Stunden, der zwölfte mit einem Rückstand von nur 22 Stunden in Nome eintraf. Ganz selbstverständlich findet dieses große Rennen wie alle anderen auch unter ständiger tierärztlicher Kontrolle statt. In Alaska besteht der einzige Unterschied darin, dass die vom Tierarzt ausgemusterten Hunde dann ausgeflogen werden. In unseren Breiten entscheiden Rennleiter und Veterinär gemeinsam, ob ein Hund im zweiten oder dritten Lauf noch starten darf, und können dies genau durch die Chipping Con-

Für eine Hochgebirgstour müssen Mensch und Hund Profis sein – es ist für beide eine Extremtour. *Foto: Albin Schelbert*

trol nachprüfen, weil jeder Hund einen unter der Haut implantierten stecknadelgroßen Mikrochip mit all seinen persönlichen Daten tragen muss.

Mountaineering

Unter Mountaineering wird ein kräftezehrendes Wandern mit Hunden im Hochalpinbereich verstanden, oft über mehrere

Der Tobogganschlitten fasst die gesamte Ausrüstung für ein paar Tage. Die Hunde laufen im Gebirge meist nur hintereinander (Tandemanspannung). *Foto: Albin Schelberg*

Tage. Es ist eigentlich DAS Langzeiterlebnis für Hund und Mensch. So etwas wie Natur pur, erfordert aber zugleich in doppelter Hinsicht einen Profi und ist niemals Sport für einen Einzelgänger. Ein solcher Doppelprofi muss nicht nur über Alpinerfahrung verfügen, sondern auch über viele Jahre ein Schlittenhundegespann geführt haben. Diese Variante des Wintersportvergnügens darf unumwunden als Extremsport bezeichnet werden, der von vielen Faktoren abhängig ist. Vor allem von den Launen der Natur, aber auch sehr stark von der Kondition unseres Hundes einschließlich der eigenen. Im Hochalpinbereich tickt die Uhr schlicht anders, es gibt nie einen Fahrplan. So werden manchmal Touren abgebrochen oder gar nicht erst angetreten, weil die Natur es so will und der Erfahrene die Prognosen zu deuten weiß. Es wäre auch sträflicher Leichtsinn, gleich eine mehrtägige Tour ins Auge zu fassen, wenn unser Hund nie zuvor Lasten getragen oder einen speziellen Lastenschlitten (Toboggan) gezogen, noch nie unter freiem Himmel übernachtet hat oder der ihn begleitende Mensch noch nie ein Iglu gebaut hat und bereits am Nachmittag beginnend soviel heißen Tee in sich hineingeschüttet hat, dass er in der nächtlichen Eiseskälte doch noch mal aus dem Daunenschlafsack herauskriechen muss. Das aufeinander angewiesene Hund-Mensch-Team muss gemeinsam bergtauglich sein. Ein solches Team darf pikante Abfahrten ebenso wenig scheuen wie die diesen vorausgehenden beschwerlichen Aufstiege.

Folglich heißt die Devise: Weniger ist mehr. Es müssen doch nicht gleich die Signalkuppe mit 4.554 Metern über NN im Monte-Rosa-Gebiet oder die weiten Firnfelder der Fieschenhörner oder die langen, sanften Gletscher der Berge im Einzugsgebiet von Zermatt sein. Auch das Bezwingen des 6.194 Meter hohen Mt. McKinley in Alaska mit Schlittenhundegespannen sollte immer noch Profis wie Susan Butcher und Joe Redington allein vorbehalten bleiben. Der Schwarzwald rund um seinen liebevoll Höchsten genannten Feldberg mit 1.493 Metern und für etwas höhere Anforderungen das Voralpengebiet mit beispielsweise dem Langgletscher in den Berner Alpen sind hervorragende Einstiegsmöglichkeiten. Dennoch ist auch hier das Gebirge niemals ganz harmlos. Große Spalten sind nicht zu übersehen und lassen sich dadurch relativ leicht umgehen oder umfahren. Gefährlich sind die kleinen Spalten mit ihrer trügerischen Schneeschicht darüber. Nicht umsonst haben routinierte Mountaineerer deshalb ein mindestens 40 Meter langes Bergseil im Packsack des Tobogganschlittens, um ihren Hund dort wieder herauszuholen, denn es gibt Situationen, in denen der Hund am Schlitten oder Hüftgurt ausgehängt werden muss, freudig vorprescht und kurz darauf in einer Spalte verschwinden kann.

Die Vorbereitung erfolgt anhand aktuellsten Kartenmaterials, meist Messtischblättern im Maßstab 1:25.000, wobei nicht verkannt werden darf, dass sie bei Erscheinen im allgemeinen zwei Jahre nachhinken und sich manches im Schnee ganz anders darstellt als auf der Karte. Unter möglichst genauer Abstimmung auf

EUROPÄISCHE LAWINENSKALA				
	DEUTSCH	FRANÇAIS	ITALIANO	ENGLISH
	Gefahrenstufe	Indice de risque	Scala del pericolo	Risk Scale
1	gering	faible	debole	low
2	mäßig	limité	moderato	moderate
3	erheblich	marqué	marcato	considerable
4	groß	fort	forte	high
5	sehr groß	très fort	molto forto	very high

die Kondition des Neulings und seines Hundes erfolgt dann die exakte Routenplanung einschließlich der Ausweichrouten. Der erfahrene Mountaineerer plant nicht nur generell Zeitreserven, sondern speziell auch Konditionsreserven von Hund und Mensch ein, die wegen der schnell sich ändernden Wetter- und Schneeverhältnisse von Bedeutung sein können. Eine Faustregel für eine Tagestour lautet: 1.000 m Aufstieg 3 Stunden + Abfahrt 1 Stunde + Horizontaldistanz 4 km 1 Stunde = 5 Stunden inklusive Pausen, aber ohne An- und Abfahrt. Bei der Planung mehrtägiger Touren findet die unterschiedliche Akklimatisierungsphase unseres Hundes am dritten Tag und des Menschen am zweiten Tag wegen des damit verbundenen Leistungsabfalls entsprechende Berücksichtigung.

Je höher es hinaufgeht, wird auch der Lawinengefahr vermehrt Rechnung getragen. Dazu gehört neben der Ausrüstung mit LVS (Lawinenverschüttetensuchgerät), Handy und Schaufel auch die aktuelle Information durch die inzwischen vereinheitlichte europäische Lawinenskala (siehe oben). Die ausführliche Lawinengefahrenskala definiert die einzelnen Stufen detailliert nach Schneedeckenstabilität, Auslösewahrscheinlichkeit einschließlich ihrer Auswirkungen für Touristen und entsprechender Empfehlungen.

Die durchschnittlich alle zwei Tage erscheinenden und in sämtlichen Medien abrufbaren Lawinenbulletins liefern jedoch nur regionale Grobübersichten, so dass grundsätzlich kleinräumige Abweichungen nach oben oder unten in der Skala nicht auszuschließen sind. Innerhalb nur weniger Stunden können ferner risikoerhöhende Veränderungen in der Schneedeckenstabilität auftreten, zum Beispiel durch stürmische Winde, starken Schneefall oder unvorhergesehene Erwärmung (Föhneinbruch). Einzig vor Ort zusammen mit erfahrenen Bergführern ist die aktuelle Lage zu beurteilen. Deren Wissen basiert nicht nur auf einer profunden Kenntnis des örtlichen Kleinklimas, sondern auch auf jahrelanger Lawinenbeobachtung.

Auch Tagestouren wollen exakt geplant und vorbereitet sein, umso mehr natürlich

Sich durch den Tiefschnee zu arbeiten ist für jeden Hund eine kräftezehrende Arbeit – sie können sich dabei auch einen Sonnenbrand holen (auf Nasenspitze und Zunge!). *Foto: Albin Schelbert*

Beim Laufen in einen Abgrund zu blicken und auch nicht das Gefühl von festem Boden unter den Füßen zu haben, macht auch Hunden zu schaffen, wie man an der Rutenhaltung des vorderen Hundes sieht. *Foto: Silvan Lanz*

mehrtägige, bei denen eine kluge Auswahl der Ausrüstungsgegenstände sehr wichtig ist. Unabdingbar sind beispielsweise Igluzelte, Schlafsäcke, Isoliermatten, Kocher, Stirnlampen, Faltnäpfe zum Wasserschöpfen, Schaufel, Eispickel, Reservehandschuhe, Ersatzschuhwerk sowie Proviant für die Hunde und die Menschen – um nur einiges zu nennen. Es muss einfach bedacht werden, dass es auf den höher gelegenen Hütten weder Strom- noch Wasserversorgung gibt und der Holzvorrat trotz heutiger Helikopterversorgung oft spärlich ist. Wenn auch vieles davon auf dem Schlitten verstaut werden kann, so muss doch das gesamte Material zunächst einmal hinauftransportiert und später wieder sicher heruntergebracht werden. Der Toboganschlitten unterscheidet sich von den viel leichteren Rennschlitten nicht nur durch eine stabilere Bauart, sondern vor allem durch eine wesentlich größere Ladefläche und eine Art Plastikwanne zwischen den Kufen, um ein völliges Einsinken bei Tiefschnee zu verhindern. Werden Touren zusammen mit Teilnehmern ohne Hund durchgeführt, können deren größere und gewichtigeren Ausrüstungsgegenstände ohne weiteres darauf verstaut und von den Hunden begeistert gezogen werden.

Nimmt unser eigener Hund an solchen Bergtouren teil, kommt viel Neues auf ihn zu. Ganz gleich, ob er auf Langlauf- oder Alpinski, mit Schneeschuhen begleitet wird oder eine Lastenpulka ziehen muss, ist für ihn das Arbeiten im Tiefschnee ungewohnt. Ebenso wie für den unerfahrenen Menschen ist die Kraft der Sonneneinstrahlung durch die Reflexion des Schnees für unseren Hund eine neue Erfahrung. Und ebenso wie ein Mensch kann ein Hund schneeblind werden oder einen Sonnenbrand bekommen. Besonders leberfarbene, also relativ schwach pigmentierte Hundenasen und die hechelnde Zunge sind einem Sonnenbrand ausgesetzt. Allenfalls seine empfindliche Nase lässt sich bis zum Abschlecken vorübergehend dick einfetten (jedoch niemals mit menschlicher Hautcreme). Hat sich ein Hund jedoch einen Sonnenbrand auf der Zunge eingefangen, äußert sich dies am zweiten, spätestens dritten Tag durch anomale Speichelentwicklung und Futterverweigerung. Um derartige Risiken ein wenig einzudämmen, sind besonders im Hochgebirge immer wieder Erholungspausen angesagt, wenn möglich bei einem Schatten spendenden Fels oder im Schutze einer Plane.

Für unseren Hund ist es durchaus auch keine Selbstverständlichkeit, über eine hoch über dem tosenden Bach liegende enge Brücke zu laufen. Vielleicht hat das ein klein wenig mit den uns selbst bekannten Schwindelgefühlen oder dem Mut zu tun, wenn von großer Höhe hinabgeblickt wird. Für unseren Hund stellt sich das Szenario allein deshalb noch kritischer dar, da dessen Sichtwinkel 200 bis 270° im Gegensatz zu dem des Menschen mit gerade mal 100° beträgt. Auf dem Foto Seite 90 wird die besondere Vorsicht des einen Hundes im Team bei dieser Brückentraversierung sehr gut durch dessen Rutenhaltung verdeutlicht. Während die übrigen Hunde voll mitarbeiten und von daher ihre Rute fast waagerecht tragen, konzentriert sich dieser vierbeinige Skeptiker für einen Moment mehr auf andere Dinge.

Die Schneeverhältnisse erfordern manchmal auch ein Umspannen. Die übliche Schlittenanspannung erfolgt im double hitch, da die paarweise nebeneinander arbeitenden Hunde sich gegenseitig motivieren. Im Tiefschnee jedoch würden sie sich anrempeln und behindern, weil jeder dieses Paares versucht, in die schmale einzige Spur zu kommen. Dort wird dann die Tandemanspannung (einzeln hintereinander) deshalb gewählt, weil auf diese Art jeder Hund für sich allein arbeiten und den optimalen Weg suchen kann. Erklärlicherweise wird dadurch die Gespannlänge verdoppelt.

GUTER RAT:

- *Zunächst mit Langlaufski oder Schneeschuhen (mit oder ohne eigenen Hund) einen Profi mit seinem Gespann begleiten, je höher hinauf: Alpinski mit Fellen*
- *Aktuellstes Kartenmaterial verwenden (Messtischblatt 1:25.000)*
- *Handschuhe, Schneebrille, Messer, Fernglas usw., alles mit Schnüren oder ähnlichen Vorrichtungen sichern, denn Zurücklaufen ist mühsam und manchmal gar nicht möglich*

Empfehlenswerte Literatur (nach Gebieten geordnet)

Desmond Morris
Dogwatching - Die Körpersprache des Hundes
Heyne

Anders Hallgren
Lehrbuch der Hundesprache - Mit dem Hund auf du und du
Oertel + Spörer

Heinz Weidt/Dina Berlowitz
Das Wesen des Hundes
Naturbuch

Kathryn Solisti und Michael Tobias
Ich spüre die Seele der Tiere
Kosmos

Birgit Laser
Obedience für Einsteiger - Das Lehrbuch für den neuen Hundesport
Cadmos

Brigitte Lau
Faszination Agility
Oertel + Spörer

Werner Munter
Lawinen 3 x 3 - Entscheiden in kritischen Situationen
Verlag SAC

Brigitta Frauendorf
Hotelführer für Hundebesitzer 2000/2001
Brigitta Frauendorf, Holtkampstr. 10 E
D - 32257 Bünde
Tel. 0 52 23 - 1 58 68
Fax 0 52 23 - 1 56 49

Adressen rund um den sportlichen Hund

Agility Welt
Postfach 10 06 25, D-41706 Viersen
(ISSN 0949-3719) - mit Terminkalender für A, Benelux, CH, D, DK, Slowenien -
Tel. 02162-1998214, Fax 02162-30215
minervaverlag@cs.com

DSSV, Deutscher Schlittenhunde Sport Verlag
Red. Christa Grimminger,
Postfach 31, D-86557 Hohenwart
Tel. 08443-8063, Fax 08443-91006
geschäftsstelle@dssv.org
Sport: Klaus Kennerknecht, Perchastrasse 7,
D-82335 Berg
Tel. 08151-50014, Fax 081-51-55114

KAMO, Kommission für Agility, Mobility und Obedience
Sekr. Kurt Fritschi, Freidorf 87,
CH-4132 Muttenz
Tel. 0041-61-3113784, Fax 0041-61-3113762
fritschi_kurt@bluewin.ch

SKG, Schweizerische Kynologische Gesellschaft
Längassstrasse 8, CH-3001 Bern
Tel. 0041-31-3066262, Fax 0041-31-3066260
skg@hundeweb.org
- mit (meist nur) nationalem Terminkalender Agility, Mobility, Obedience, Mondioring -
Sport: Wolf Steiger, Seestrasse 127,
CH-8700 Küsnacht
Tel. 0041-1-9107887, Fax 0041-1-9109073
wolf.steiger@hundeweb.org

SMV/SSM, Schweizer Musher Verband
Red. Sonja Suter, Kirchgasse 3,
CH-4538 Oberbipp
Tel. & Fax 0041-32-6364108
knusut@bluewin.ch

Jöring & Pulka: Raffael
Passwangstrasse 15, CH-4153 Reinach BL,
Tel.&Fax 0041-61-7121156

Dog & Sacco Cart: Conny Ruf
Lengnauer Strasse 114, CH-5423 Freienwil
Tel. & Fax 0041-56-2212968